「主権者教育」を問う

新藤 宗幸

第一章　何が問われているのか……2

第二章　どんな「主権者」をどのように育てようとしているのか……11
　　――『副読本』を読み解く

第三章　「教育における政治的中立性」の暴走……22

第四章　高校生の政治活動への規制……44

第五章　学校から「主権者教育」を解放する……56

おわりに……68

岩波ブックレット No. 953

第一章　何が問われているのか

七〇年ぶりの選挙権年齢の引き下げ

二〇一五年六月一七日、集団的自衛権の行使を可能とする安全保障法制の審議で揺れる国会において、選挙権年齢を一八歳以上に引き下げる改正公職選挙法が成立した。二〇一六年六月に施行され、七月におこなわれる参議院議員選挙から適用される。もっとも、被選挙権年齢はこれまで通りであり、衆議院議員二五歳以上、参議院議員三〇歳以上、自治体の首長は都道府県知事が三〇歳以上、市町村長が二五歳以上、自治体議員二五歳以上である。

選挙権年齢が引き下げられたのは、じつに七〇年ぶりのことだ。戦後民主改革の象徴といえるが、一九四五年一一月に選挙権年齢は二〇歳以上に引き下げられた。それればかりか男女平等選挙権が実現をみた。選挙権年齢が一八歳以上であるのは、**表1**のように世界の標準であり、ヨーロッパ諸国ではさらに一六歳以上に引き下げる動きもみられる。その意味では、日本はようやくにして世界の標準に追いついたというべきだろう。

とはいえ、戦後日本の政治において選挙制度のありかたはたびたび争点とされたが、選挙権年齢の引き下げには関心がもたれてこなかった。マスコミも日本の選挙権年齢の後進国状況をほとんど報道しなかった。今回の選挙権年齢の引き下げは、憲法第九六条の規定する国民投票の法制

表1　主な国の選挙権年齢

20歳	日本
18歳	アメリカ，アイルランド，イギリス，イタリア，インド，ウクライナ，エチオピア，フランス，南アフリカ，ロシア，イラク，チリ，オランダ，トルコ，カナダ，スウェーデン，スペイン，ベルギー，メキシコ，ナイジェリア，ギリシア，オーストラリア，デンマーク，ドイツ，ニュージーランド，フィリピン，フィンランド，ポルトガル，モンゴル，イスラエル，ケニア
16歳	オーストリア，アルゼンチン

出典：『朝日新聞』東京本社版，2015年7月4日夕刊
注：一部国を削除した．

度をどのように設計するかを機として、急速に浮上してきたのがじつのところだ。

国会の衆参両院に憲法調査会が設置され、現行憲法のありかたをめぐる議論がスタートしたのは二〇〇〇年一月であった。この議論のなかで憲法改正手続きの「未整備」が指摘された。日本国憲法第九六条は憲法改正のためには衆参両院総議員の三分の二以上の賛成で国会が発議し、国民投票において過半数の賛成を必要とするとさだめている。

ところが、国民投票の発議に必要とされる具体的要件や手続き、国民投票の投票権者についての法律は、制定されてこなかった。国会は憲法調査会の議論をふまえて議員提案された「日本国憲法の改正手続に関する法律」を二〇〇七年五月に成立させた。

「日本国憲法の改正手続に関する法律」は、国民投票の投票権者を満一八歳以上の国民とさだめた。同時にこの法律の附則第三条は、年齢一八歳以上二〇歳未満の者が国政選挙に参加できるように、法令の規定に検討をくわえ必要な措置を講ずるものとするとした。その後、同法は二〇一四年六月に改正され、

国民投票の投票権を有する者と選挙権を有する者との年齢を均衡させるように措置をとるとした。これにもとづいて二〇一五年六月に公職選挙法が改正され、選挙権年齢は一八歳以上に引き下げられた。

文部科学省(以下、文科省)は選挙権年齢の引き下げにともなって「主権者教育」の実施を自治体の教育委員会にもとめた。マスコミは二〇一五年の秋ごろから高校での「模擬投票」「模擬議会」などのようすを報道している。だが、その次元にとどまっている。社会的にも選挙権年齢の引き下げにさほどの関心が集まっているようにはみえない。

ところで、一九八〇年代の末以降、自治体レベルでは住民投票条例の直接請求運動が隆盛した。住民投票の対象とするイシューは、原子力発電所の設置、大規模公共事業の実施、さらに「平成の市町村合併」にうながされた合併などの是非を問うものだった。直接請求された住民投票条例案の多くは、首長の否定的意見や議会の否決によって実現をみなかった。理由をかいつまんでいえば、住民投票で自治体の意思をきめることは、直接選挙で成立している首長と議会の二元代表制を無視するものとの意見だ。わたしは住民投票制度の実現をもとめる「住民投票立法フォーラム」の共同代表をつとめていたが、直接請求された住民投票条例案のかなりが投票権者を一八歳以上とし、なかには一六歳以上とするものもあった。そのようななかで、「高校も卒業していない年端のいかないこどもになにが分かるのか」という言葉をいくどとなく聞いた。二元的代表制を損なうとの意見もさることながら、こうしたレベルに条例案否決の「本音」があったようにも思う。

こうした感情は、選挙権年齢が一八歳以上に引き下げられたいまでも社会の底流にあるのではないか。その意味で、選挙権年齢の一八歳以上への引き下げにとどまらずに、若い世代を巻き込んだ政治参加の場を、多元的につくることが問われていよう。

「教育における政治的中立性」の強調

一八歳が初めて選挙に参加するのを前にして、自民党、文科省、一部のメディアから、「主権者教育」の重要性・必要性が声高にさけばれている。文科省と総務省は、こうした声に押されるかのように、「主権者教育」についての生徒用副読本として『私たちが拓く日本の未来――有権者として求められる力を身に付けるために』(以下、『副読本』)と、教員への指導マニュアルとして同名の『活用のための指導資料』(以下、『指導資料』)を作成した。

この『副読本』によれば、「主権者教育」とは、①政治に参加する意義や政治が自らに与える影響などを生徒に理解させること、②違法な選挙運動をおこなうことがないように選挙制度を理解させること、とされている。とくに①については、現実の具体的政治事象を取り扱うことによる政治的教養の育成が重要とされている。このかぎりでいえば、従来の公民科などの教育から一歩踏み出した位置づけとなっていよう。

ところが、右のような目標をかかげる「主権者教育」と表裏一体で強調されているのは、「教育における政治的中立性」だ。自民党議員の一部からは、「教育における政治的中立性」を逸脱した学習指導をおこなう教員には刑事罰を科すべきとの声が、臆面もなく発せられている。

実際、のちにくわしく検討するが、「主権者教育」に関する教員用の『指導資料』は、「政治的事象」を取り扱うことで生徒たちの政治的教養を育むといいつつ、一方において教員の指導は「教育における政治的中立性」を順守するようにくりかえしている。

選挙は国政であれ自治体政治であれ、そこには多くのイシューが生じる。その意味内容を理解することこそ政治的教養を育むことだが、それと「政治的中立性」の強調とは、はたして整合するものであるのか。「教育における政治的中立性」なるものの意味を考えるとともに、民主政治をゆたかにするための「主権者教育」とは、いかなるものであるべきかを考えてみなければなるまい。

「公民科」のみの課題なのか

学校で始まっている「主権者教育」の情景は、ときおりテレビニュースで報道される。講堂や教室に投票所が設営され、本番さながらに生徒手帳などでの資格の確認、生徒ないし教員が演じる立会人役のもとで模擬投票がおこなわれている。あるいは、学校の運営改善などをテーマとした立会演説会も催されている。それらは公民科教育の一環としておこなわれている。

実際の選挙の投票所がどんな具合になっているのか、保護者に手をとられ投票所に行った記憶は薄れているだろうから、模擬投票に意味がないとはいわない。けれども、模擬投票などを中心とした「主権者教育」は、「投票ごっこ」といえば戯言とのそしりをうけるかもしれないけれども、このレベルにとどまっていてよいのだろうか。選挙の一般的な意味での重要性を説き、模擬投票をおこなっているかぎり、「教育における政治的中立性」なるものからの「逸脱」を政権や一部の政治集団から批判されることはないだろう。

しかし、「主権者教育」にもとめられているのは、日々生起する政治的事象の内実をみる眼を養うことであり、また政治権力の行動の意味を洞察する能力を高めることである。とするならば、「主権者教育」は公民科に限定されるわけではなく、歴史、文学作品、さらに科学・技術の学習にも通底する。学校現場の教育にも教科ごとの「タテ割り」が顕著だが、政治に積極的に発言する市民を育てるためにも、学校教育システムのありかたに議論をひろげることが問われているのではないか。

若者たちは、それほど政治に無関心だろうか

第二次・第三次安倍政権による集団的自衛権の行使を可能とする安全保障法制への取り組みは、事実上、日本国憲法第九条の廃棄といってよいものだ。安倍政権に立憲主義とはなにかを教え諭すことなどまったく意味をなさないほど、政権の行動は民主政治の原則に反するものである。しかも、政権党たる自民党内部には政権への同調こそめだったが、異論をはさむ動きはなかったのに等しい。

こうしたなかで、「アベ政治を許さない」をかかげる市民の抗議デモが国会を取り囲んだばかりか、全国各地で展開された。これは政党や既成の団体に動員された人びとの行動というよりはむしろ、市民の自然発生的な抗議行動であった。なかでも、注目をあつめたのは、大学生を中心

とした若者たちの活動だった。かれらはＳＥＡＬＤｓ（自由と民主主義のための学生緊急行動：シールズ）という横に連帯するゆるやかな組織をつくり、東京ばかりか各地で安保法制の危うさと立憲主義の危機にたいして積極的に意思を表明した。

一九六〇年代末から七〇年代初頭にかけての大学闘争・ベトナム反戦運動の収束後、さまざまに表現されるけれども、一般的いえば、若者の政治的無関心が世上の話題とされてきた。たしかに、大学祭をみても政治や経済のありかたを議論するプログラムはきわめて少なく、多くはエンターテイメントに関連した催し物がしめている。また、国政選挙の投票率でも二〇歳代の投票率は低い傾向にある。最近の二〇歳代の衆議院総選挙での投票率をみると、民主党への政権交代をみた二〇〇九年の総選挙では四六・二〇％だったが、二〇一二年総選挙では三七・八九％、二〇一四年のそれは三二・五八％となっている（全国平均投票率は、それぞれ六九・二八％、五九・三二％、五二・〇八％）。ただ、この結果を逆にみると、政治の躍動を感じるならば投票率が上がるということだ。

シールズの誕生と行動をみるならば、若者たちを「政治的無関心」として括ってしまうことは間違いであることに気付く。かれらは冷静に自らの将来を見つめ、それに妨げとなりうる政治に抗議の意思を表明するパッションを秘めているといってよいだろう。もちろん、一部のメディアが批判的に報じるように、シールズはごく一部の若者たちであろう。とはいえ、そのような外見からの「少数派批判」は、いつの時代でもできる。七〇年大学闘争においても、積極的に活動したのはごく一部の学生であった。

問われるのは、「少数派」とのレッテルを貼って「特異視」することではない。底流にある「政治とは」「社会とは」という理念の追求が正当な問いであり、それが社会にむけておおらかに表現する条件を整えることこそ、「主権者教育」であるだろう。

この意味で、「主権者教育」は学校内における教科の学習にとどまるものではないだろう。生徒たちの関心に応じた学校内の自由な言論活動、また学校外における集会への参加をひろく認めるものであるべきだ。だが、二〇一五年一一月の文科省初等中等教育局長の「通知」は、教科学習を外れる生徒の活動にきびしい規制をもとめるものである。「主権者教育」を学校から解放することが、問われているのではないか。

「主権者教育」は、政治そのものを問う

「主権者教育」のための教員用『指導資料』は、「一つの結論を出すよりも結論に至るまでの冷静で理性的な議論の過程が重要であることを生徒に理解させることが重要である」と、くりかえしている。だが、二〇一五年通常国会での安全保障法制の審議において憲法上の疑義を問われた安倍晋三首相は、「わたしは首相なのです」と自らの憲法解釈を「絶対視」する発言をかさねた。また政権に都合の悪いことを発言しかねない内閣法制局長官を更迭し、自らの意にそって忠勤を励むであろう人物を長官に任命した。最高権力者の姿のどこに「冷静で理性的」な議論への態度をみいだすことができるのか。

「年端のいかないこどもたち」の大半は、そのような現実政治の姿などをみていない、かれら

はスマホやゲームに夢中だと思うならば、大間違いだといいたい。現実の政治の実態を棚にあげ、新有権者に「政治的な教養を育む教育」を説くのではなく、政権が理性ある政治の展開に努めねばならないであろう。同時に、市民は「観客民主主義」などといわれる状況を脱して政治の改革に能動的になり、新有権者に政治がもつ役割の重要性をしめしていかねばなるまい。その責任の大きさを自覚しておきたいものである。

このように考えてくると、学校における「主権者教育」は、「日本の民主主義を前に進める良い機会」と単純に語ることはできない。以下、ここに指摘した問題状況をふまえて、政治と文科省に主導された「主権者教育」に焦点をあてつつ、政治的教養を育む教育・学習とはどうあるべきかを考えていくことにしよう。

第二章　どんな「主権者」をどのように育てようとしているのか

――『副読本』を読み解く

「有権者は国家・社会の形成者」

「主権者教育」についての生徒用副読本『私たちが拓く日本の未来――有権者として求められる力を身に付けるために』は、〈解説編〉〈実践編〉〈参考編〉から構成されている。全体で一〇〇ページほどの冊子だ（**図1**）。くわえて、先述のとおり、メインタイトルはまったく同名だが、教員用に『活用のための指導資料』とのサブタイトルのつけられた冊子がつくられている（『副読本』はhttp://www.soumu.go.jp/main_content/000378558.pdfで、『指導資料』はhttp://www.soumu.go.jp/main_content/000378818.pdfで全体を見ることができる）。

さきに述べたように、「主権者教育」の目標は、政治に参加する意義や政治が自らに与える影響を学ばせることにくわえて、違法な選挙運動がおこなわれないように選挙制度を理解させることにあるとされている。だが、選挙制度の理解はともあれ、政治参加の意義や政治がもたらす影響とは、一般論として語ることができるほど、平易なものではない。「政治」の定義、さらに「政治参加」の意味内容によって、政治参加のシステムには大きな変化が生まれてくるばかりか、政治なる営みの内実も異なってくる。どのような「政治」への参加であるのかが、問われなくてはならない。

『副読本』は、まず冒頭において「政治」とは「私たちが国家や社会について重要と考えるものを、国家や社会としてどのような状態であることが良いのか、優先順位をつけて決定すること」と定義する。そして「現在の日本では、選挙を通じて私たち有権者に訴えられた候補者や政党の考えや公約を議会の議論を通じて意見集約していく、つまり、議会で決定される法律・条例や予算などにより決めていく」ことであるとする。さらには、こうした政治のプロセスによって「国家・社会の秩序を維持し、その統合を図っていくことが可能」になるとする。このように「政治」を定義づける『副読本』では、「国家や社会の形成者」「国家のルールをつくること」「社会の秩序の維持」といったフレーズがくりかえされる。教員用の『指導資料』も、その重要さを十分に教えるようにとしている。

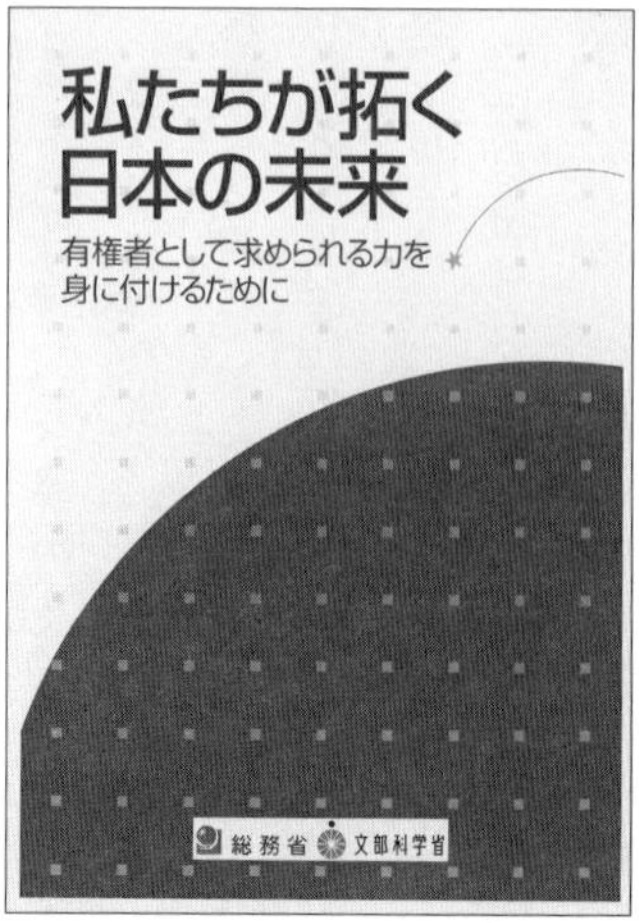

図1　生徒に配布された『副読本』

だが、「不思議」なことに『副読本』には、現代民主制の基本である権力と自由についての記述がまったくみられない。『指導資料』においても、まったく触れられていない。選挙権をもち選挙を通じて法律・予算などの規範をつくり、国家・社会の秩序を維持することが「政治」であるというならば、共産党一党支配の社会主義国はもとより戦前期日本にもあてはまる。これは「政治」の外形的特徴の記述としては間違いといえないまでも、「主権者教育」を展開する舞台は、民主主義政治体制を憲法が保障した現代日本であり、「主権者教育」は民主主義政治体制をゆたかにするためとされている。そうであるならば「主権者教育」は、権力と自由の緊張を説くことからはじめるべきだろう。

「権力からの自由」を説かない『副読本』

現代民主制を特徴づけるのは、国家と個人、権力と自由の二項対立であるといってよい。国家あるいは社会はアプリオリに、つまり先験的に存在するのではない。政治学のテクスト風にいうならば、現代民主制における権力と自由の関係は、「権力からの自由」と「権力への自由」に区分しうる。前者の「権力からの自由」は、個人が自由に行動しうる政治空間を一定のルールによって外的抑圧から保障する「法律による行政」、この政治空間における個人の市民的自由としての個人自治、政治空間が侵害されたときの抵抗する権利の留保、つまり抵抗権から構成される。こうした「権力からの自由」を基本前提として「権力への自由」つまり参政権の行使の保障がある。つまり、参政権（選挙権）が国民にあたえられたとしても、その基本に市民的自治の憲法保障のない状況は、疑似的民主制にすぎない。

『副読本』は、ある意味で現代日本の政治的風景をよくあらわしていよう。安倍政権による特定秘密保護法の制定、集団的自衛権の行使のための安全保障法制の制定過程にみるように、政権の行動には「権力からの自由」はまったく思考の埒外にあった。とりわけ、さきのような意味での「法律による行政」や個人自治は、「国家」のまえに否定されたといってよい。抵抗権は市民や学生などによる運動として展開されたものの、それを報道するメディアにたいする権力的規制がくりかえされた。

『副読本』も『指導資料』も政治的教養のゆたかな若者を育てるという。そうであるならば、「国家・社会の形成者」を強調するのではなく、現代民主制において個人は法によって自由を保障されているのであり、権力が個人の自由を抑圧する法律・予算をつくるならば、個人はそれに抵抗する権利を留保していることを教えなくてはなるまい。つまりは、次の選挙においてそのような決定をおこなった代表者を退場させる権利をもっている。このことを教えずに、選挙の法制度の教育や模擬投票をおこなっても、有権者であることの意義を学んだことにはならない。

ところが、このような現代民主政治の基本は学習の対象とされていない。『副読本』は有権者になることは「政治について重要な役割を持つ選挙等に参加する権利を持つということ」としたうえで、間接民主主義による法律や予算の決定を重視している。しかも、「政治に参加〔選挙への参加のこと―引用者〕しても必ずしも自分の意見が通るわけではありませんが、国民や地域の住民の意思に基づき選ばれた議員が皆の意見を議論し合意された決定に対しては、構成員の一人として従う義務が生じることとなるのです」としている。選挙権を与えられ、それを行使したのだから、代表者の決定には従わねばならないとの単純な権利―義務関係が強調される。ここには現代民主制における権力と個人の緊張関係は、まったく説かれていない。

いったい、このような『副読本』の政治観から政治的教養に富んだ主権者を育てることができるのだろうか。そもそも議会での法律や予算の決定は、政治の営みの一部分である。「政治」を

「議会の決定」と等置することは、政治についての視野の狭窄をもたらさざるをえないであろう。議会が現代民主制にとって重要な機関であることを否定する者はいない。けれども、「主権者教育」をいうならば、まず現実の政治が生み出している社会的問題事象の中身を学習し、政治にどのような利害が反映されているのかを学ぶことからはじめるべきだ。主権者として政治をみる眼を養うことこそ、「主権者教育」の第一歩なのだ。また、「代表者による決定」というが、代表者は一枚岩ではない。議会内外における政党政治の実態を学習しないで最終決定の内容を評価することはできない。

こうした考察をくわえずに政治の決定＝権力の決定に従わねばならないと教えるのは、権力の決定とそれにもとづく政治の営みに異議申し立てすることのない「従順」な人間をつくるのに等しい。はたして、これで「主権者教育」といえるのだろうか。

政治は議員活動のみか

『副読本』は政治のしくみとして間接民主主義にもとづく議会をもっとも重視する。〈解説編〉として、「政治の仕組み」「年代別投票率と政策」「憲法改正国民投票」がおかれている。そのあとに〈実践編〉として、ディベートの方法、個人演説会、模擬選挙などのおこない方とつづく。

さて、「政治の仕組み」では議会のみを「政治の舞台」と設定している。そして、議員の活動を「ある国会議員の一日」として、きわめて簡潔にイラスト入りで説明する（**図2**）。また政党を、「政治的な主義や主張が近い人たちが集まり、政治活動を行う集団」と定義したうえで、「国民と

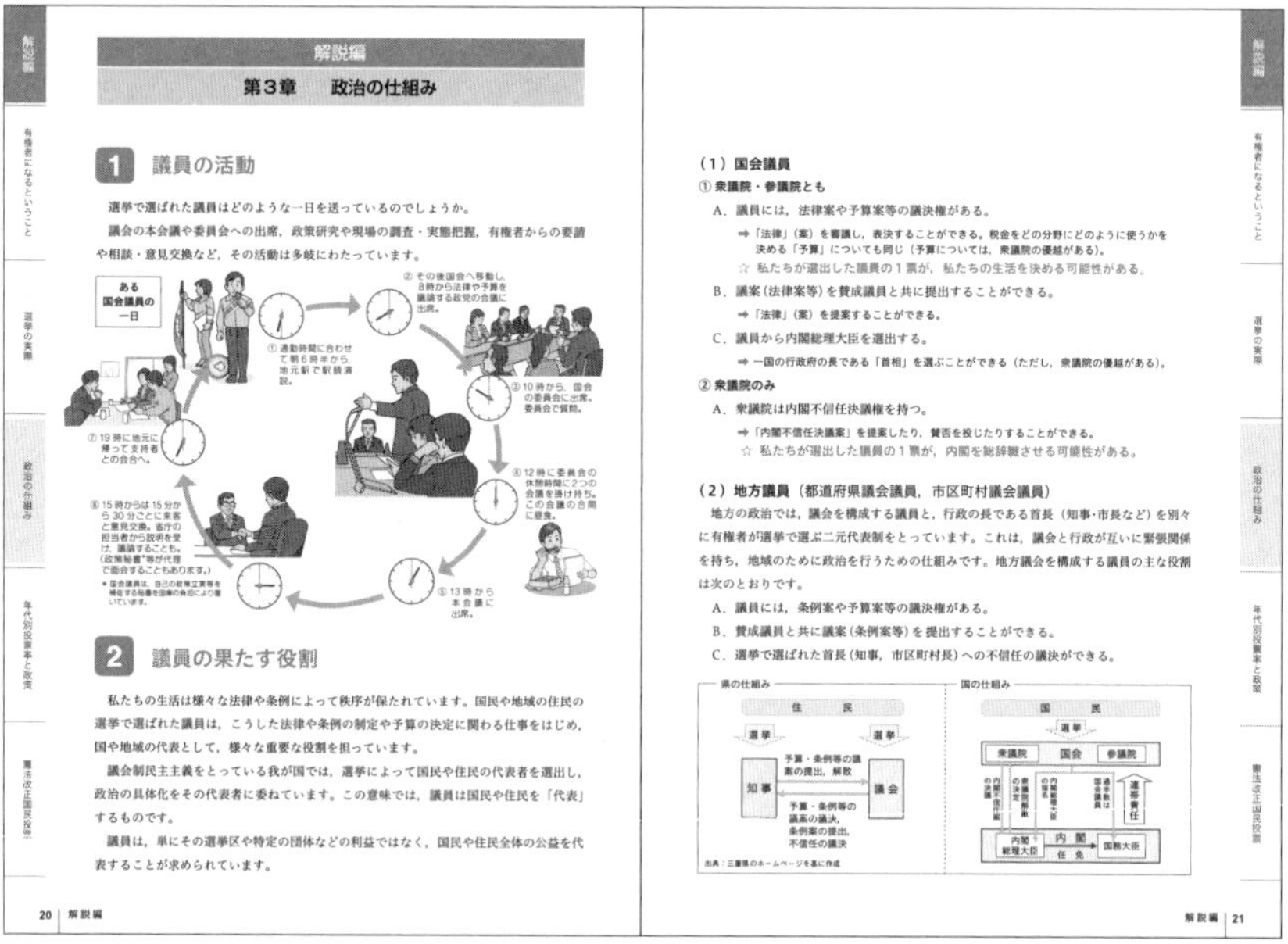

解説編

第3章　政治の仕組み

1 議員の活動

選挙で選ばれた議員はどのような一日を送っているのでしょうか。

議会の本会議や委員会への出席，政策研究や現場の調査・実態把握，有権者からの要請や相談・意見交換など，その活動は多岐にわたっています。

2 議員の果たす役割

私たちの生活は様々な法律や条例によって秩序が保たれています。国民や地域の住民の選挙で選ばれた議員は，こうした法律や条例の制定や予算の決定に関わる仕事をはじめ，国や地域の代表として，様々な重要な役割を担っています。

議会制民主主義をとっている我が国では，選挙によって国民や住民の代表者を選出し，政治の具体化をその代表者に委ねています。この意味では，議員は国民や住民を「代表」するものです。

議員は，単にその選挙区や特定の団体などの利益ではなく，国民や住民全体の公益を代表することが求められています。

20 解説編

（1）国会議員

① 衆議院・参議院とも

A．議員には，法律案や予算案等の議決権がある。

⇒「法律」（案）を審議し，表決することができる。税金をどの分野にどのように使うかを決める「予算」についても同じ（予算については，衆議院の優越がある）。

☆ 私たちが選出した議員の1票が，私たちの生活を決める可能性がある。

B．議案（法律案等）を賛成議員と共に提出することができる。

⇒「法律」（案）を提案することができる。

C．議員から内閣総理大臣を選出する。

⇒ 一国の行政府の長である「首相」を選ぶことができる（ただし，衆議院の優越がある）。

② 衆議院のみ

A．衆議院は内閣不信任決議権を持つ。

⇒「内閣不信任決議案」を提案したり，賛否を投じたりすることができる。

☆ 私たちが選出した議員の1票が，内閣を総辞職させる可能性がある。

（2）地方議員（都道府県議会議員，市区町村議会議員）

地方の政治では，議会を構成する議員と，行政の長である首長（知事・市長など）を別々に有権者が選挙で選ぶ二元代表制をとっています。これは，議会と行政が互いに緊張関係を持ち，地域のために政治を行うための仕組みです。地方議会を構成する議員の主な役割は次のとおりです。

A．議員には，条例案や予算案等の議決権がある。

B．賛成議員と共に議案（条例案等）を提出することができる。

C．選挙で選ばれた首長（知事，市区町村長）への不信任の議決ができる。

出典：三重県のホームページを基に作成

解説編 21

図2 『副読本』解説編 第3章「政治の仕組み」より

議会を結ぶパイプ役として議会制民主主義において大きな役割を果たしています」とする。「年代別投票率」では若い世代の投票率が低いこと、「若者の声は政治〔議会のこと—引用者〕に届きにくくなってしまいます」と指摘し、選挙への参加をよびかけている。

　さて、こうした「政治の仕組み」についての解説は、あまりにも「簡潔」であって、およそ解説とはいいがたい。政治経済・現代社会などの他の教科にゆだねるということかもしれないが、政治のしくみが「ある国会議員の一日」の説明で十分と考える者はいないのではないか。しかも、このイラストには市民（有権者）と議員のかかわりはまったくといってよいほど描かれていない。わずかに地元に帰って支持者へ説明するカットがあるだけだ。『指導資料』にも、これを補足する項目は記されていない。

「ある国会議員の一日」が、どれほど議員の生活と行動を正確に描写しているかにも疑問はのこるが、「政治の仕組み」を学習の主要対象とするならば、社会における市民や集団の活動をきちんと学ぶことからはじめるべきだろう。「利益集団民主主義」という言葉が一般化してから相当の時間が経つが、現代政治における政治的意思の決定が基底において集団の力学に左右されているのは否めない。市民もまた集団の一員として活動することもあれば、あらたな政治的イシューにたいして異議申し立てや解決の方向を運動として展開する。こうした社会のダイナミズムのうえに政党・政治集団・議員の活動がある。この連関性をさまざまな事例をまじえて教えることによって「政治とは何か」の知見が養われるといってよい。議員活動＝政治とすることは、民主主義政治における政治的代表性の意義を否定することにもつながりかねない。議員が議員として活動できるのは、選挙による代表性とそれに裏づけられた正統性があってのことだ。

「国民と議会を結ぶパイプ役」としての政党

「政党」をさきのように定義し「国民と議会を結ぶパイプ役」とすることも、政党の役割の理解には不十分であろう。公職選挙法にいう「違法行為」の説明ばかりを論じるのではなく、衆参両院と自治体の選挙制度のしくみはどうなっているのか、そこにはいかなる問題が論じられているのか、が学習の対象とされるべきだろう。そのうえで、いったい、政党は立候補者をどのように決めているのか、政党の選挙活動や議員活動に必要とされる資金はどのように調達されているのか、政党の組織や政党内における意思の決定はどのようになっているのか、が説かれねばならない。政党や議員を「国民と議会を結ぶパイプ役」と説明できるほど実態は単純ではないし、これでは政治の理解に役立つとはいえまい。

実際、議員の活動や政党のしくみ、また政党や議員と各種の社会集団との関係、選挙時の公約と現実の政党や議員の言動との齟齬などは、連日のようにマスコミで報道されている。高校生が意識的にそれらの報道を収集しているかどうかはともかく、かれらの脳裏にのこる報道は数多いはずである。担当の教員が教育にどのような工夫をなすかにもよるが、政党や議員が織りなす政治に多少とも関心をもつ生徒は、『副読本』の説明をあまりに「うわべ」だけ、と感じとるのではないだろうか。

ディベート、模擬議会、模擬選挙でなにを教えるのか

『副読本』は政治の基礎的な学習にはわずかなページしか割いていない。しかもそこには、政治＝議会活動といったバイアスがかかっている。これにたいしてディベートの方法や選挙の個人演説会、模擬選挙などには、じつに細々としたテクニックが教示されている（**図3**）。

ディベートの方法として「話合い形態」「テーマの設定の仕方」などの説明を読むならば、こんなことまで懇切丁寧に説かねばならないのか、と考え込む者も多いのではないか。高校生そして有権者ともなる生徒を「こども」扱いしているとさえいえよう。もっとも、日本の小中学校から高校にいたるまで学校教育に決定的に欠けているのは、ディベートを主軸とした教育である。

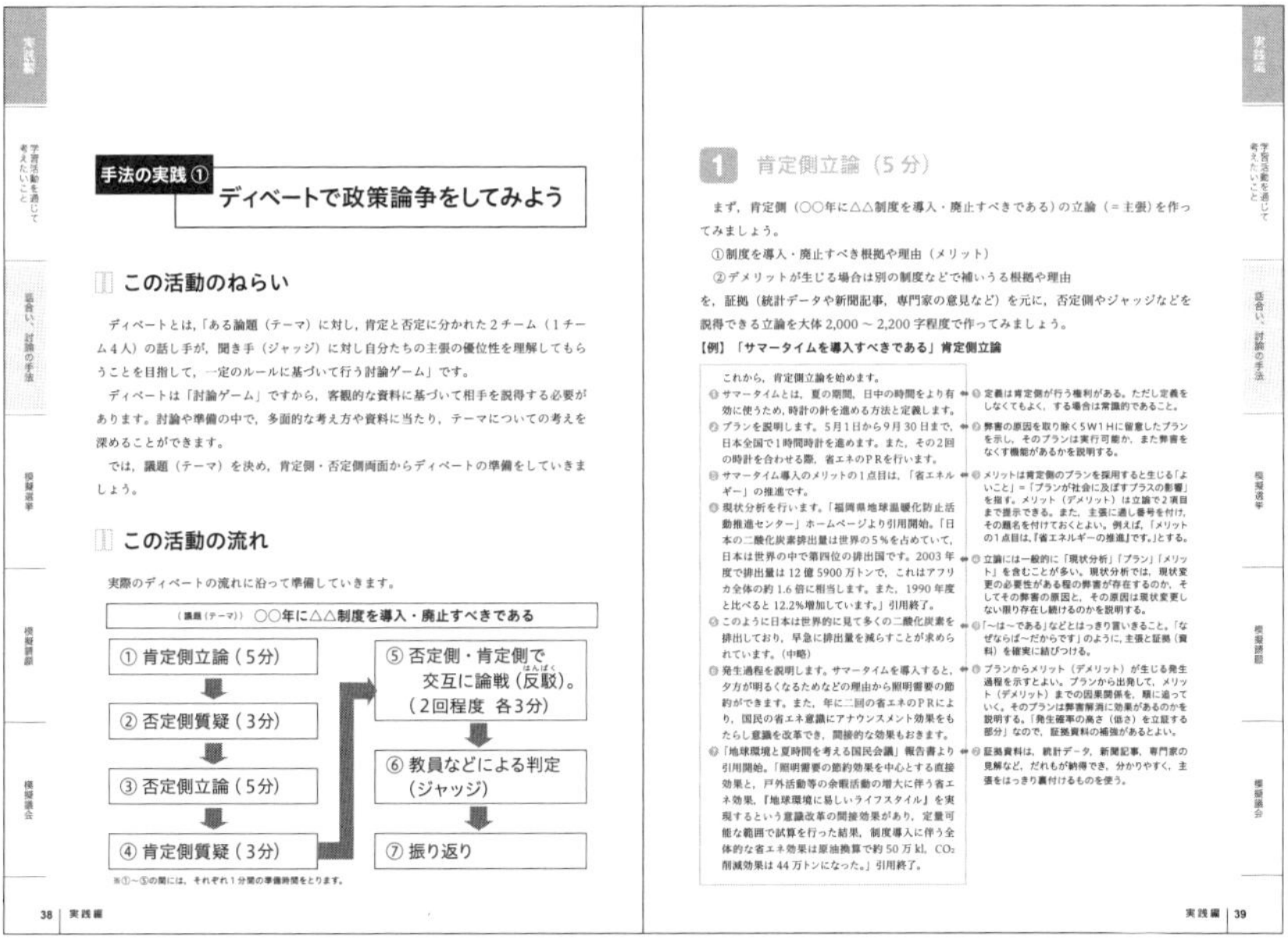

手法の実践 ①

ディベートで政策論争をしてみよう

この活動のねらい

ディベートとは,「ある論題（テーマ）に対し，肯定と否定に分かれた２チーム（１チーム４人）の話し手が，聞き手（ジャッジ）に対し自分たちの主張の優位性を理解してもらうことを目指して，一定のルールに基づいて行う討論ゲーム」です。

ディベートは「討論ゲーム」ですから，客観的な資料に基づいて相手を説得する必要があります。討論や準備の中で，多面的な考え方や資料に当たり，テーマについての考えを深めることができます。

では，議題（テーマ）を決め，肯定側・否定側両面からディベートの準備をしていきましょう。

この活動の流れ

実際のディベートの流れに沿って準備していきます。

（議題（テーマ））○○年に△△制度を導入・廃止すべきである

※①～⑤の間には，それぞれ１分間の準備時間をとります。

38　実践編

1　肯定側立論（5分）

まず，肯定側（○○年に△△制度を導入・廃止すべきである）の立論（＝主張）を作ってみましょう。

①制度を導入・廃止すべき根拠や理由（メリット）

②デメリットが生じる場合は別の制度などで補いうる根拠や理由

を，証拠（統計データや新聞記事，専門家の意見など）を元に，否定側やジャッジなどを説得できる立論を大体 2,000 ～ 2,200 字程度で作ってみましょう。

【例】「サマータイムを導入すべきである」肯定側立論

これから，肯定側立論を始めます。

① サマータイムとは，夏の期間，日中の時間をより有効に使うため，時計の針を進める方法と定義します。

② プランを説明します。5月1日から9月30日まで，日本全国で1時間時計を進めます。また，その2回の時計を合わせる際，省エネのPRを行います。

③ サマータイム導入のメリットの１点目は，「省エネルギー」の推進です。

④ 現状分析を行います。「福岡県地球温暖化防止活動推進センター」ホームページより引用開始。「日本の二酸化炭素排出量は世界の５％を占めていて，日本は世界の中で第四位の排出国です。2003 年度で排出量は 12 億 5900 万トンで，これはアフリカ全体の約 1.6 倍に相当します。また，1990 年度と比べると 12.2%増加しています。」引用終了。

⑤ このように日本は世界的に見て多くの二酸化炭素を排出しており，早急に排出量を減らすことが求められています。（中略）

⑥ 発生過程を説明します。サマータイムを導入すると，夕方が明るくなるためなどの理由から照明需要の節約ができます。また，年に二回の省エネのPRにより，国民の省エネ意識にアナウンスメント効果をもたらし意識を改革でき，間接的な効果もおきます。

⑦「地球環境と夏時間を考える国民会議」報告書より引用開始。「照明需要の節約効果を中心とする直接効果と，戸外活動等の余暇活動の増大に伴う省エネ効果,『地球環境に易しいライフスタイル』を実現するという意識改革の間接効果があり，定量可能な範囲で試算を行った結果，制度導入に伴う全体的な省エネ効果は原油換算で約 50 万 kl，CO_2 削減効果は 44 万トンになった。」引用終了。

① 定義は肯定側が行う権利がある。ただし定義をしなくてもよく，する場合は常識的であること。

② 弊害の原因を取り除く５W１Hに留意したプランを示し，そのプランは実行可能か，また弊害をなくす機能があるかを説明する。

③ メリットは肯定側のプランを採用すると生じる「よいこと」＝「プランが社会に及ぼすプラスの影響」を指す。メリット（デメリット）は立論で２項目まで提示できる。また，主張に通し番号を付け，その題名を付けておくとよい。例えば，「メリットの１点目は,『省エネルギーの推進』です。」とする。

④ 立論には一般的に「現状分析」「プラン」「メリット」を含むことが多い。現状分析では，現状変更の必要性がある程の弊害が存在するのか，そしてその弊害の原因と，その原因は現状変更しない限り存在し続けるのかを説明する。

⑤「～は～である」などとはっきり言いきること。「なぜならば～だからです」のように，主張と証拠（資料）を確実に結びつける。

⑥ プランからメリット（デメリット）が生じる発生過程を示すとよい。プランから出発して，メリット（デメリット）までの因果関係を，順に追っていく。そのプランは弊害解消に効果があるのかを説明する。「発生確率の高さ（低さ）を立証する部分」なので，証拠資料の補強があるとよい。

⑦ 証拠資料は，統計データ，新聞記事，専門家の見解など，だれもが納得でき，分かりやすく，主張をはっきり裏付けるものを使う。

実践編　39

図３『副読本』実践編 第２章「話合い，討論の手法」より

この意味でいえば、「主権者教育」を機として各種の教科の教育方法はディベートを中心としたものへと改革されるべきだ。

ところで、ディベート方法のテクニカルな教育にもまして注目しておきたいのは、『副読本』が例示しているテーマであろう。それは政策討論、選挙の個人演説会、さらには議会への請願のテーマにもいえるのだが、「サマータイム導入の是非」「外国人観光客の増加方策」「循環バスの増便」「保育所の待機児童の解消」などである。

『副読本』は地域の問題あるいは身近な問題をテーマとして、ディベートや選挙の争点を考えさせようと意図しているとみることもできる。したがって、こうした例示のテーマが無意味であるとはい

わない。どのような循環バスなのか定かではないが、公共交通のありかたを議論することは市民生活、とりわけ「移動の権利」を考える良いテーマである。また地域にもよるが保育所の待機児童の解消方策もまた、女性の社会参画や就業構造・労働政策のありかたに視野を拡大して議論されるならば、重要なテーマといってよい。

とはいえ、担当教員にはこうしたテーマによるディスカッションを、どのように指導するかが問われる。地域における保育所の入所待機児童数や自治体の保育事業の現状を調べるだけでなく、その背後にある問題状況を中央政府の政策や民間の労働条件をふくめて調査し、どのような保育政策が適切であるのか、多様な政策構想が生徒間で議論されてはじめて、政治を考えるディベートとなるだろう。現実政治の動向にどこまで踏み込むかが、学習の質をきめる。

ところが、『指導資料』は、「特定の事柄を強調しすぎたり、一面的な見解を十分な配慮なく取り上げたりするなど、特定の見方や考え方に偏った取扱いにより、生徒が主体的に考え、判断することを妨げることのないよう留意することが求められる」と、教員に注文をつける。いったい、「偏った取扱い」とはなにを意味するのだろうか。

『副読本』が例示しているテーマによるディベートが、画一的におこなわれるとは一概にいえない。とはいえ、高校卒業と同時か大学・専門学校などを経てかはともかく、間もなく社会人となっていく高校生にとって、たとえば労働者派遣法のさだめる派遣労働のしくみの是非、さらには各種の世論調査で七〇％強が疑問をしめしている原子力発電のありかた、といった現代政治の大きな争点が、ディベート、模擬個人演説会などのテーマとされるべきではないのか。そうした世論を二分するようなテーマが、身近な地域の課題と同時に積極的に取り上げられることによって、政治についての学習はより生き生きとしたものとなるといえよう。だが、こうしたテーマでのディベートやその指導には、「教育における政治的中立性」が立ちはだかることであろう。

以上のように『副読本』は、学校内における学習と模擬投票などに対象を絞っており、学校外における生徒の自主的な市民との活動には、まったくページを割いていない。『副読本』にいう「主権者教育」は、学校なる管理された空間内のものと認識されているようである。しかも、『副読本』のいう「政治」「政党」「議会」などの位置づけからは、権力と自由の関係をもとにした政治のダイナミズムへの視点が欠落している。政治の動態が学習の対象とされないならば、政治的教養は培われることはない。しかも、「国家・社会の形成者」である主権者は、議会による法律・予算などの決定に従わねばならないとする。政治権力に従順な人間を育てることが「主権者教育」であるならば、羊頭狗肉もはなはだしいといわねばなるまい。

第三章　「教育における政治的中立性」の暴走

「政治的中立性」の名の下で締めつけが

二〇一二年一二月に成立した第二次安倍政権は、日本国憲法を「押し付け憲法」だとして「自主」憲法の制定をうちだした。市民の多くはそのほんとうの意図が憲法第九条の否定にあると感じている。また、朝鮮半島や中国大陸への侵略を否定する言説が、政権のみならずその周辺から叫ばれ、歴史教科書の記述は「自虐史観」だという論調がつよまった。

こうした動きの危うさを肌で感じとった人びとは、各地で憲法に関する学習会や文芸サークルなどにおいて、日本の将来を考えていこうとした。そして、そのような学習活動などの場として、自治体が設置する公共施設の利用を申し込むのだが、二〇一三年になって政権が一段と世論調査で「高支持率」をえたのに呼応するかのように、自治体は憲法の学習会が「政治的中立」に反するとして貸出しを拒否する動きをつよめた。それだけではない。「梅雨空に「九条守れ」の女性デモ」という、さいたま市の女性の詠んだ俳句を、市の公民館は「政治的」であるとして月報への掲載を拒否した。東京都美術館は憲法第九条の意義をうったえたオブジェを、これまた「政治的」として作者に撤去をもとめた。群馬県は県立の都市公園内に設置されている、第二次大戦中に強制徴用され死去した韓国・朝鮮人慰霊碑の前でおこなわれている慰霊祭が「政治的」であるとして、慰霊碑の撤去をもとめた。こうした動きは各地で続発している。

いまや「政治的中立性」や「政治的」といった言葉は、憲法や政治に関する市民の学習や芸術・文化活動を抑制する流行語であるかのようだ。しかし、自治体が公共施設の貸出しを拒み市民の活動を抑制することに、説明責任をはたしているとはいい難いであろう。市民の憲法観や政治についての考え方は、けっして一色ではない。しかも、公共施設は市民の財政負担によってつくられている。政権の政治指向に自治体として異議を申し立てているとみなされるのを恐れているのであろうか。あるいは市民のなかの「憲法改正」論者から異論が提出されることを恐れているのだろうか。いずれであるにしても、「憲法を守れ」という市民の運動を抑制することは、思想・良心の自由や言論・集会の自由についての抑圧である。「政治的中立」を理由とした市民の活動への介入こそ、まさに「政治的」といわねばならない。

「政治的中立性」とは、ある意味できわめて便利な言葉であるといってよい。政権の言説やそれを忖度した同調の「政治性」は不問に付され、それらにたいする批判的言説が「政治的中立性」に反するとされる傾向にある。

こうした意味の「政治的中立性」が教育現場において強調されるとき、「政治的中立性」の厳守を理由とした教育の締めつけが生まれるともいえよう。それだけに、教育における「政治的中立性」は、その意味をきびしく限定しておかねばならないであろう。

いまにつづく教育二法と「教育における政治的中立性」

公教育での「政治的中立性」の維持は、戦後日本の教育行政においてくりかえし論じられてきた。しかもそれは、保守・右派の政治家や論客からだけではなく、進歩派・左派を自認する政治家や学者からも、それぞれの観点からする教育行政への批判の文脈のもとに述べられてきた。

戦後教育の民主改革を象徴する教育委員会法は、教育行政の「政治的中立性」を確立するとして制定されたものだ。天皇主権のもとでおこなわれた国家主義教育を断絶するために、一九四八年一〇月にまず都道府県・五大市(大阪、京都、名古屋、神戸、横浜)に直接公選による教育委員(五名のうち一名は議会選出)からなる教育委員会が設置された(すべての市町村での設置は一九五二年一〇月)。少なくとも、制度理念としていうと、直接公選の教育委員会を教育行政の責任主体とすることによって、多様な思想・信条をもつひとびとの意思が教育に反映されることが期待される。いわば、教育への市民の参加と統制が可能となる。教育の市民統制は、国家主義イデオロギーや政治党派の教員人事や教育内容への介入を防ぐことができるとされ、それこそが「政治的中立性」の意味であった。

戦後の民主改革への熱意が冷めやらなかった時代だけに、教育委員会法のさだめる教育システムは、「教育における政治的中立性」をささえるものとして歓迎された。ところが、ＧＨＱの主導した戦後教育改革は、文部省の存続を許容した。文部省は地方教育委員会にたいする指揮命令権限を失ったが、教育行政への影響力の維持を追求した。一方の教育委員会は、歴史的経験をもたない「実験」ともいえるシステムであり、教科内容や教科書の決定、教員人事、学校の管理などの制度上の権限を十分に使いこなすことができなかった。こうした実態をみた文部省は、指導・助言行政の名のもとに、地方教育委員会の運営を事実上コントロールしていったのである。

こうした状況のなかで、「教育の政治的中立性」が戦後政治において大きな争点となるのは、日本独立回復後の一九五三年であったといってよい。当時の吉田茂政権は内務官僚であった大達茂雄を文部大臣に任命した。五四年一月一八日、文部相の諮問機関である中央教育審議会（会長・亀山直人）は、「高等学校以下の生徒・児童は、あえて説くまでもなく心身未成熟から……その政治意識においても、正確な判断をするにいまだ十分に発達をしていないのであるから、教育のいかんによっては、容易に右とも左ともなりうるものである。しかるにかれらに対して、強い指導力・感化力を有する教員が、自己の信奉する特定の政治思想を鼓吹したり、または反対の考え方を否認攻撃したりするがごときは、いかなる理由によるも許さるべきことではない」と、きびしい論調の答申を提出した。同時にこの答申は教員に「政治的中立性」をまもらせるための立法措置をとるべきだとした。

この答申の直接的背景としては、「山口日記事件」（山口県教組編集の『小中学生日記』が偏向しているとして県教育委員会が回収・発禁とした事件）や「京都市立旭丘中学校事件」（偏向教育と批判する親の意向をうけて市教育委員会が人事異動を発令したものの、これに従わない教員が独自に教育を継続した事件）にあるとされるが、教育委員の公選制のもとで日教組（日本教職員組合）の影響力を排除しようとする政治的意図によるものといえる。

吉田茂政権は、この答申にもとづき「教育公務員特例法の一部改正法案」と「義務教育諸学校における教育の政治的中立の確保に関する法律案」を五四年の通常国会に提出した。いわゆる教育二法の提出である。前者は教育公務員の政治活動を禁止するものであり、違反者には国家公務員と同様に刑事罰を科すとしたものである。後者は教職員団体などが教員に児童・生徒にたいする政治教育をおこなうよう教唆・扇動してはならないとするものであり、違反者には一年以下の懲役または罰金を科すとするものだった。

国会では参考人・公述人をふくめて激論がかわされた。結局、教育公務員特例法の一部改正法案は、政治活動の禁止については国家公務員と同一とするが、刑事罰は科さず教育委員会による懲戒処分に修正された。また後者の法案は、骨格はそのままとされたが「臨時措置法」とすることで合意され、五四年六月に成立した。臨時措置法とされたのは、「教育における政治的中立性」をめぐる混乱は、法律の制定によって終息するであろうとの含意なのだが、六〇年余が経過した今日、なお生き続けている（教育二法の制定過程について詳しくは、戸田浩史「昭和二九年の教育二法の制定過程――教育の政治的中立性をめぐる国会論議」『立法と調査』二〇一〇年六月号）。そればかりか「主権者教育」についての文科省作成の教員にたいする『指導資料』は、教育二法をかかげつつ教科指導における「政治的中立性」の厳守を強調している。

教育二法についての審議によばれた公述人のなかには、中教審答申を「オウム返し」のように語ったものもいるが、今日につづくこの問題に参考となる鵜飼信成（憲法学・東京大学教授、当時）のことばを引いておこう。

政治から離れるということによって、教育の政治的中立性が得られるかのように見える、又たとえ立法する場合には、そういうことが意図されておらないとしても、現実にはこういう法律が成立することによって、教育者が政治問題に触れることを恐れて、結局教育の中に正しい政治的判断する力が養われないような、そういう無気力な教育になってしまう虞れがある。教育公務員というものは一般公務員と違って政治的な問題について十分な関心を持ち、政治的な問題というものを取り上げる責務がある、これが民主主義の要求である。

（第一九回国会参議院文部委員会会議録第二七号二三頁、一九五四年四月二日）

教育二法の制定以降、学校現場は教科指導にあたって政治にふれることに消極的になっている。それは「主権者教育」という新たなプログラムのもとで一段と進んでいよう。鵜飼信成の危惧はまさに現実となっているのだ。学校から「政治」が排除されるならば、民主主義政治を損なうことに通じる。いま、あらためて鵜飼の言葉に心せねばなるまい。

地方教育行政法の制定とタテの行政系列

「教育二法」の審議がすすむ一方において吉田政権は、教育委員会法の廃止＝教育委員の直接公選制の廃止を重要な政策課題とし、その準備に邁進した。ここではその過程をのべることは省略するが（詳しくは、拙著『教育委員会　何が問題か』岩波新書）、教育委員会法に代わる「地方教育行政の組織及び運営に関する法律（以下、地方教育行政法）案」が、一九五六年の通常国会に提出された。国会の審議はまさに激論がかわされ混乱した。地方教育行政法案は五六年四月三〇日に衆議院本会議場に警察官を導入する大混乱のなかで「可決」された。つづいて参議院でも可決され、同年の一〇月一日に施行された。

地方教育行政法は、教育委員会なる行政委員会を存置した。だが、都道府県・市町村の教育委員は首長が議会の同意をえて任命する方式に変えられた。また教育委員会の事務局（都道府県のばあいは「教育庁」）の長である教育長は、都道府県のばあい文部大臣の事前承認のもとに教育委員会が任命するとされた。市町村の教育長は首長の任命する教育委員とされたが、教育委員会による任命に先立って都道府県教育委員会による承認を必要とするとされた。小中学校の教員人事権は市町村教育委員会から都道府県教育委員会に移された（旧五大市、この段階では政令指定都市、についてはは市教育委員会人事）。また地方教育行政法は、教育委員会の「職務権限」を規定し、都道府県教育委員会の市町村教育委員会へのコントロールの強化をはかった。したがって、教育長の任命方式、教員人事権をつうじて、文部省から都道府県教育委員会（事務局）―市町村教育委員会（事務局）―学校にいたる集権的なタテの行政系列が、地方教育行政法のもとで確立されていくのである。そして、これを通じて文部省は、地方教育委員会にたいする指導・助言の名による統制を強めていった。

こうした教育行政の「改革」について政治・政権は、「教育の政治的中立性」をまもるためとした。つまり、教育委員の直接公選を廃止することで、特定の政治集団（ターゲットは日教組）の教育行政への影響力を排除できるとした。

一方において教育行政学者たちからは、まったく正反対に「教育の政治的中立性」を脅かすものと評価され、それは今日なおかなり根強い主張としてつづいている。このばあいに、主として批判の対象とされているのは、教育委員の公選制廃止によって首長の意思が教育行政を左右しかねないというものである。したがって、そこでは教育委員の公選制の復活、少なくともかつて東京都中野区で試みられた教育委員準公選（教育委員候補を住民の投票で選び、首長はその結果を尊重して教育委員人事案件を議会に提出しその同意をもとめる方式）の採用が主張されることになる。そのことによって多様な住民の意思が教育行政に反映され、「教育の政治的中立性」が実現をみるというのである。

「教育における政治的中立性」とは何か

「教育における政治的中立性」が教育行政組織のありかたと密接に関係するのはいうまでもない。ただし、今日につづく教育二法の審議にもみられるように、「教育における政治的中立性」は明確に定義されたうえで議論されたわけではない。教員とりわけ日教組組合員である教員が「偏向教育」をおこなっているといったレベルで「中立性」の厳守が強調されたにすぎない。また「教育の政治的中立性」と「教育行政の政治的中立性」とはいかなる関係にあるのかも、定かにされてきたわけではない。さきにも述べたように「政治的中立性」ということば自体が政治性を帯びて使われている。

後述する『副読本』とりわけ『指導資料』や二〇一五年の「文科省初等中等教育局長通知」、

それについての解釈通達といってよい「Q&A」でも、「教育における政治的中立性」は多用されているが、その定義が定かに下されているわけではない。「中立・公正な教育」という、これまたいかようにでも解釈できる多義的な言葉にとどまっている。

ここで、以下の議論のために「教育における政治的中立性」を考える基本について述べておこう。

「教育における政治的中立性」というばあいの「政治」とは、諸利害を調整しひとつの意思を決定する「政治」一般をさしているのでない。ここにいう「政治」とは、あくまで「政党政治」を意味する。政党政治の動向はそのときどきの政治的イシューに左右される。特定の綱領・イデオロギーを有する政党が政権の座を獲得する。この時、政権政党は自らの意にかなう教育を実施するために、教員人事や教科書などの変更を企図するかもしれない。反対党が政権の座に着いたとき、まったく同じことがくりかえされることもあろう。

こうした事態はたんに教育に混乱をもたらすだけではない。どのレベルの学校教育であっても、教育は科学的・学問的真理の探究のためにある。近代憲法が学問の自由を憲法で保障したのはこのためである(日本国憲法第二三条)。したがって、「教育における政治的中立性」とは、教員人事、教科書の内容や採択、学校運営にたいする政党政治の介入を排除する規範としての意味をもっているのである。この規範は教員の教育活動にも適用される。教員は学校教育の現場で生徒たちに特定政党の支持をもとめ、逆に反対するようにもとめてはならない。これは法規範ともされているが、自由な人格の養成を旨とする教員の職業倫理といってよい。

ところで、「教育における政治的中立性」は、この次元にとどまるものではない。教育はどのレベルであれ、教員というプロフェッション(専門職)のリーダーシップを必要とする。かれらは学級経営や生徒指導の技術に長けていなければならないだろう。それは教育職に就く要件のひとつである。だが、かれらは思想・良心の自由や言論の自由を保障された自由な人格であり、それを前提とした「思惟するひとびと」でなくてはなるまい。だからこそ、かれらの養成にあたっては、ひろい教養と専攻する教科についての専門的知識の習得がもとめられている。同時に、教職に就こうとする者は、生徒の行動を操作することに喜びを見出しているのではなく、自らの知見を生徒に伝達し生徒の思考能力や社会をみる眼の向上に、職業人としての喜びと自負を感じていよう。それなくして、どうして「生身の人間」であり自我に目覚めた生徒たちを教えるなどという「面倒な」仕事を担うことができようか。

したがって、「教育における政治的中立性」とは、さきに述べたような意味の政党政治の介入を排除するだけではなく、思想・良心の自由を保障された(保障されるべき)教員による物事の理解を否定するものではない。逆にいうならば、政権や政党政治は教員の尊厳を否定し教育方法に介入してはならないのだ。

もちろん、教員は物事の本質を生徒たちに教えるのにあたって、社会的にも学問的にも多様な見解があることをしめしつつ、自らの見解を説かねばならない。まさにそれは教員にもとめられる技術にかかわるが、多様な見解の存在のみを教えることにとどまってはならないのだ。教員には「教育における政治的中立性」の以上のような意味が、再認識されねばならないであろう。

もともと「学習の手引」でしかなく法律でも政令でもない学習指導要領や文科省の通知の類に「忠実」な教育が、「教育における政治的中立性」の意味内容を浅薄なものとしてしまっていることは否めない。この意味で教員たちには、自らの思想・信条、専門的知識にもとづく、より能動的な教育への転換がもとめられよう。同時に、市民は流行語ともなっている「政治的中立性」の意味をみきわめつつ、「能動化する教員」の出現をささえていかねばならないのだ。

『指導資料』にみる政治的中立性の順守

さて、こうした「教育における政治的中立性」についての観点からみて、政府主導の「主権者教育」は、どのような教育を指示しているであろうか。

「主権者教育」における教員の指導方法についての注文である『指導資料』は、微に入り細を穿《うが》って「懇切丁寧」に教育方法の指針をしめす。そのいくつかをみておこう。

Q　政治的に対立する見解がある現実の課題の中には、現に国会等で法律案等が審議されているような課題がありますが、そのような課題を指導で取り上げる際に留意すべき点は何でしょうか。

A　……一つの主張に誘導することを避け、生徒の議論がより深まり、議論の争点についてその背景や多様な意見が見出せるよう、国会等において議論となっている主要な論点について、対立する見解を複数の新聞や国会等における議事録等を用いて紹介することなどにより、偏った取扱いとならないように留意するとともに、新たに生じた重要な論点についても取り扱うことが求められます。

Q　授業中、個別の課題に関して教員が特定の見解を取り上げることは良いのでしょうか。また、特定の見解を自分の考えとして述べてよいでしょうか。

A　……教員が多様な見解の中の一つの見解として、それを提示するに当たっては……教員の個人的な主義主張を避けて中立かつ公正な立場で指導するよう留意することが必要です。具体的には、

- 教員が一つの見解を提示する場合には、その見解を提示することが教員の個人的な好悪などに基づいたものであると誤解が生じないようにする
- 教員が提示した見解が多様な見方や考え方の一つであることを生徒に理解させる
- 見解が特定の見方や偏った取扱いとならないようにする
- 見解を押しつけることとならないようにする

ことなどに注意することが必要です。

また、教員が特定の見解を自分の考えとして述べることについては、教員の認識が生徒に大きな影響を与える立場にあることから、避けることが必要です。

さて、こうした『指導資料』を読んで現場の教員は、いったい、どのように考えるのだろうか。

「中立かつ公正な立場」であるとか、「偏った取扱いとならない」がキーワードとされているが、なにをもって「特定の見方や見解」、「公正な見方」といえるのであろうか。具体的に考えてみよう。

考えさせない教育が、「中立・公正」な教育なのか

現代日本のきわめて重要な政治、政策上の課題であり争点に原子力発電のありかたがある。しかもそれは、3・11以前ならばいざ知らず、現実に東京電力福島第一原子力発電所の四基の原子炉が崩壊し、いまなお一二万人近くが住居と職をうばわれ、劣悪な条件のもとで避難生活をつづけている。放射線量の低下や復興のかけごえが政権や経済界に強いものの、住民がかつてと同様の生活をおくることは不可能に近いのが現実である。こうした状況にもかかわらず、政権は原発をベースロード電源と位置づけ、二〇三〇年の依存度を二〇〜二三%とするとしている。そして、福島の過酷事故の原因究明は放置されたまま、停止していた原発の再稼働がはじまっている。

もちろん、原発について積極的に推進をはかるべきとの教員もいない訳ではないだろう。だが、国際原子力事象評価尺度(INES)でチェルノブイリ原発事故と同一のレベル7とされた3・11原発事故を直視するならば、多くの人びとが原子力発電に大いに疑問をもっている。それは生徒たちも同様であろう。このとき、原子力発電のありかたという政治に密着する問題をとりあげる際の「中立かつ公正な」教育とは、どのようなものであるべきだろうか。

「原発はきびしい規制基準のもとで動かされているのであり、経済の成長に不可欠という推進

論者がいます。他方で絶対安全が保証されているわけではなく、一旦事故が起きたならば人間の生命と環境に重大な損傷をもたらすという否定論者もいます」で済ますことが、「中立かつ公正」な教育なのだろうか。生徒もまたその程度の教育に満足を覚えるだろうか。

世論も政治の世界の議論もきびしい対立状況がみられる原発問題をとりあげるばあい、政府や経済界の推進論の紹介は欠くことはできない。「電力を安定的に廉価で供給できる」「石油や天然ガスなどの資源を欠く日本にとって、少量の核燃料で大きな発電のできる原発は経済発展に欠かせない」「原発はCO2を排出しないから地球環境問題に貢献する」といった推進論を、わかりやすく丁寧に説明する必要がある。

その一方で、かつての原発「絶対安全神話」のもとでの開発状況、福島の避難者の生活の惨状、環境汚染の実際、廃炉や汚染廃棄物の処理の難しさ、などが丁寧に説明されねばならない。こうしたなかでは、二〇一五年にノーベル文学賞を受賞した、スベトラーナ・アンクシェービッチ『チェルノブイリの祈り――未来の物語』(松本妙子訳、岩波現代文庫、二〇一五年)を、生徒たちとともに読み考えることもあってよい。そこでは原発事故に未知であったゆえの市民の悲惨さ、市民生活を一顧だにしない政治権力の行動などが、冷徹なまでの筆運びで描き出されている。福島の事故についても多数のドキュメントが刊行されており、それらと対比させた議論がおこなわれてもよいであろう。

おなじことは二〇一五年の通常国会の最大の争点であった集団的自衛権行使の安全保障法制についてもいえる。「日本のみならず世界の平和を守るためには、他の国の軍隊と積極的に協力していくことが大切という考えがあります。他方で、日本が攻められているわけではないのに他国の軍事行動を軍事的に支援することは、かえって日本を危険な状態におとしめることにつながるという意見もあります」と教壇で説くことが、多様な見解をしめした「偏向」のない「中立かつ公正」な教育だろうか。

このばあいにも、「平和」とはなにかについても多様な論説をわかりやすく紹介するとともに、過去の歴史にそくした軍事紛争の態様、戦前期日本の行動、そして日本国憲法の規範についての見解がしめされ、生徒の思考能力を培うことがもとめられる。

こうした具体的な史資料にもとづいて教員としての考えがしめされることは、政治的プロパガンダとは異なる。さきに述べたように、教員は思想・良心の自由を保障された人格であり、かれの専門的知見にもとづく考えをしめすことは「教育における政治的中立性」に反するものではない。もちろん、教員の問題提起にたいする生徒の疑問には丁寧に答えることが必要であり、同時に、問題提起をふまえた生徒間のディスカッションが活発に展開されるべきだし、教員はそれをリードしていかねばなるまい。その意味で、教育はあくまで教員と生徒が学びあうことなのだ。

政治的教養を学ぶということは、時代の文脈を読み解く力をつけることなのであって、議論をつうじて一定の政治・政権の言説にたいする批判的な論調が導かれても、それを「偏向」教育とはいえない。他方で、生徒が授業をもとに自らの考えを深めた結果として、教員の考えとは異なる意見をもつようになることもあろう。そうであるとしても、教員はその意見を頭ごなしに否定してはならない。むしろ、丸暗記ではなく思考の回路ができたことを歓迎すべきであろう。それは日本の教育実態に照らせば、「画期的」でさえある。

「中立かつ公正」な教育をくりかえす『指導資料』を特徴づけているのは、ひとつにはプロフェッション(専門職)である教員の人格への眼差しが欠如していることだ。教育二法以降、文科省は教員が政治的問題をとりあつかうことを抑制してきた。また近年とくに文科省の指示をうけて都道府県教育委員会の教員にたいする管理はきびしさを増している。授業計画を一週間ごとに校長等に提出し承認をうけなくてはならない。自己の一年間の教育目標を提出し校長等による評価をうけねばならない。「指導力不足」との評価をうけたならば、一定の研修が義務づけられている。「管理教育」は生徒にたいしてばかりか、教員管理の色彩を濃くしているのである。あえていうならば、教員は「教育工場」の従業員のようなものであり、そこには教員の思想・良心の自由にもとづく学問的蓄積を生徒たちに伝達し、生徒とともに学びあう教員という像は、まったく結ばれていない。

そして、もうひとつは、共通一次＝センター試験以来の「断片的知識」をただ記憶させ、試験結果の偏差値で「能力」を判定すればよいとの教育観のあらわれであるといえよう。筆者の大学教員としての経験にてらしても、たとえば、新入生の多くは近現代の思想家と代表的著作をほぼ間違いなく答えられる。だが、その著作を読んだことがあるかと問えば皆無にちかい。ましてや、思想が形成された社会的・政治的背景など知る由もない。

およそ、教員の授業内容を管理し、センター試験に出題される断片的な知識を記憶するのが教育の主流であるかぎり、「中立かつ公正」な教育をあえて問題視する必要もない。だが、政治的とくに、「主権者教育」の目標ならば、その基本は政治・経済・社会のありかたを考えさせる教育であるべきだ。「政治的中立性」や「中立かつ公正」な教育の強調は、主権者としての意義や認識を深めるものとはいえないのである。

公民分野の「主権者教育」だけの問題ではない

さきの『指導資料』は、公民科の「主権者教育」を対象としている。だが、政治への洞察力をもつ市民を育むことは、『指導資料』のいう「主権者」教育に限定できるものではない。歴史教育、日本語や英語などの言語教育さらには理系の教科などをつうじて広い範囲の教養を身に付けることであるといえよう。

ところが、「教育における政治的中立性」なるドグマが、とりわけ歴史教育に課せられている。日本史であるか世界史であるかは問わず、歴史の重みを無視するところに、政治を視る眼は育まれない。教員もただただ教科書と年表をもとにして時代状況を教えるなどという「無味乾燥」な学習指導に満足できるものではないだろう。過去の歴史的事実が意味し今日に伝えようとするものが何であるかを、自らの知見をもとに教えねばなるまい。

現代日本史でつねに問題視されるテーマに、南京虐殺がある。政権をはじめ「歴史修正主義者」とよばれる人びとは、虐殺者数の過大さをとりあげ「虚構」との言説をくりかえす。だが、歴史教育はこういう説もあります、こんな説もあります、で済ましてはなるまい。日中戦争における日本の軍事行動やその意図についての解説を必要としよう。そして、正確な虐殺数が問題なのではなく、南京に侵攻した日本軍の行動の意味こそが、歴史教育としておこなわれるべきなのだ。そのような授業にあたっては、たとえば堀田善衛の『時間』(岩波現代文庫)が副読本ないし参考文献としてしめされてよいであろう。これは小説とされているが、堀田の戦中・戦後における中国生活をもとにして、中国人主人公の眼からみた日本軍の南京侵攻、虐殺を描いたものだ。

現代文の授業についても、主語―述語関係を問うような大学入試問題ごときの学習の運びではなく、作家の信条や作品の書かれた時代状況などが丁寧に説明されることで、学習への興味がわくとともに時代への洞察力も高まるといえよう。物理や化学においても法則や公式の授業のみではなく、科学技術史として時代状況のなかにそれらの「発展」の多義性が学習されるべきなのだ。「主権者教育」が公民分野に限定されるべき理由はないといってよい。すべての教科において公民＝市民としての教養が育つようにプログラムを工夫すべきなのだが、文科省のいう「主権者教育」の対象とはされていない。

ところが、じつは、「主権者教育」の一環なのであろうが、文科省は高校教科への「公共」の新設を構想している。二〇一八年度からの学習指導要領に規定するとされているが、いったい、「公共」なる単独教科でなにを学習させようとするのか。「公共の福祉」「公益」なる言葉は、たしかに巷にあふれている。そして「公共の福祉」は社会的紛争の焦点ともされる。この意味で、社会的に「公共」なる教科の支持があるかもしれない。だが、自民党の憲法改正草案が、とりわけ基本的人権にかかわる条項のことごとくにおいて「公益」ないし「公の秩序」に反しないかぎりとの条件をつけているように、政治権力による操作可能なタームである。

たとえば、文科省検定教科書が「原子力発電所は日本の経済発展という公益に欠くことのできない電源です」と記されていたとしよう。これに異論をおぼえる生徒が、それを全面的に批判する答案を書いたならば、おそらく単位を履修することはできないだろう。ようするに、「公共」という単独教科をもうけるにしても成績判定することが間違いなのだ。同じことは「道徳」にもいえる。公共心や道徳は人文社会科学系、理系の教科を学ぶことで、それぞれの人間がそなえるべき精神的態度だ。だが、「教育における政治的中立性」の名のもとに教員の知見をまじえた教育には「偏向教育」なる批判が浴びせられかねない。政府のいう「主権者教育」のゆくえに注目してておかねばなるまい。

この意味で、「主権者教育」を担う教員のみならず、すべての教員は、「教育における政治的中立性」とは思想・良心の自由、学問・言論の自由にもとづく教科指導を否定するものでないことを、きちんと認識すべきである。それは市民にもとめられる視点である。

「教育の政治的中立性」を支配するタテの行政系列

ところで、「教育における政治的中立性」と分かちがたくむすびついているのは「教育行政の政治的中立性」である。教育の市民統制のための機関があってはじめて、「教育の政治的中立性」が保障されるとするものである。ただし、考えておかねばならないのは、それがどのような機関であり、日本の教育行政機構がどのようなしくみなのかだ。

二〇一四年の地方教育行政法の「改正」は、①自治体教育委員会の委員長職を廃止し、首長が議会の同意をえて任命する教育長（二〇〇〇年四月の地方分権改革の結果、首長が議会の同意をえて任命する教育委員のなかから教育委員会議で教育長を任命することが法的な規定であった）が教育委員会議を主宰する、②首長のもとに教育長、教育委員ならびに学識者からなる総合教育会議をもうけ、首長が教育の基本計画を策定する、とした。この「改正」にたいして教育行政学者や一部のマスコミは、「教育行政の政治的中立性」がおびやかされ、「教育の政治的中立性」が危機に瀕すると批判した。

これは第二次安倍政権のもうけた教育再生実行会議の報告とそれをもとにした中教審答申にもとづく「改正」であった。だが、筆者からいうならば、制度実態をあらためて法改正で制度化したものにすぎない（これについて詳しくは拙著『教育委員会　何が問題か』岩波新書）。教育委員会なる行政委員会は、実態としていうと、一九五六年の地方教育行政法の制定・施行後、徐々に形骸化してきた。それ以前からみられたことでもあるが、教育委員会の事務局である教育長を筆頭とする事務局が、教育行政を担ってきたのである。しかも「タテの行政系列」といってよい文科省初等中等教育局を頂点とした体制が堅固につくられてきた。

教育行政学者は「教育行政の政治的中立性」をつよく主張するが、視野は教育委員会という自治体の行政委員会に限定されている。そもそも事務局支配の頂点である文科省は、内閣統轄下の行政組織であり文科相は閣僚である。この制度実態に目を向けずに、「教育行政の政治的中立性」を議論することは妥当とはいえないだろう。また、選挙による政治的代表性と正統性をもつ首長を教育行政から排除することが妥当なのか。それは「タテの行政系列」の存在に正当性をあたえてしまいかねないだろう。

さきに取り上げた「主権者教育」のマニュアルは、それぞれの自治体の教育委員会、もっというならば学校の教員たちが、選挙権年齢の引き下げを機として生徒たちと議論しながら考え、まとめたものではない。かりに、そのようなつくり方をされているならば、その過程自体が「主権者教育」であろう。ところが、マニュアルは、「指導・助言・援助行政」を旨とするという文科省中央から下降してきたものである。さきにも述べたように、それは「中立かつ公正」な教育、偏向なき教育をいうだけであって、なにが「中立かつ公正」の判断基準なのか、どのような思考による教育が「偏向教育」なのか、を具体的にしめすものではない。

都道府県と市町村の教育委員会事務局には、指導主事という職員が配置されている。かれらは、都道府県教育委員会が人事権をもつ公立学校教員である。とりわけ都道府県教育委員会教育庁の指導主事はエリート教員と目されており、校長や教育庁上級幹部職員の候補である。「指導力不足教員」の発見、公式行事における日の丸・君が代の掲揚・斉唱の実施状況について学校を訪れ、実態を調査しているばかりか、学校における学習計画などについて研修・指導をしているのもかれらである。投票所を再現し模擬投票を実施している程度であるならば、「主権者教育」の実施校として評価されるだろうが、かれらの考える「中立・公正」を逸脱した教育をおこなえば、かれらは担当教員にたいしてきびしい指導をおこなうことになるだろう。

こうしたタテの行政系列さらに自治体教育委員会レベルにおける事務局支配の実態をみるならば、「教育における政治的中立性」が教育委員会制度によって保障されるというのは、「虚構」であるといわねばならない。文部省は一九六〇年代に「自民党文教局」と揶揄されたことがある。けだし名言であろう。

「教育行政の政治的中立性」が「教育における政治的中立性」を保障するために不可欠な要件は、タテの行政系列を廃止することだ。より具体的には、文科省の学校教育行政部門を内閣統轄下から外し、行政委員会とすることである。同時に、首長のもとの教育行政への市民参画を徹底するとともに、学校ごとに生徒・教員・市民が参画する運営組織をつくることだ。だが、こうした教育行政の根幹におよぶ改革は放置されたままである。だからこそ、教員は政権の考える「教育の政治的中立性」を順守した、政権に批判的眼差しを向けない教育活動を強いられるのだ。そしてまた、高校生たちも政治の本質に立ち入らない「主権者教育」を学ばされるばかりか、つぎに述べるように、「政治活動」についてきびしい規制をうけることになるのである。

第四章　高校生の政治活動への規制

二〇一五年一〇月の文科省による通知

文科省は二〇一五年一〇月二九日に初等中等教育局長の通知として、「高等学校等における政治的教養の教育と高等学校等の生徒による政治的活動等について」(以下、「二〇一五年通知」)を、都道府県と基礎自治体の教育委員会、都道府県知事などに発した。

それは、これまでみてきた『指導資料』にかかげられた「政治的中立性」にもとづく教育指導方法の徹底をもとめた部分にくわえて、「第三　高等学校等の生徒の政治的活動等」の項をもうけている。

文部省は一九六九年に初等中等教育局長通知(「高等学校における政治的教養と政治的活動について」)として、全国の教育委員会、知事などに高校生の政治活動は、校内・校外ともに禁じるとした。当時、学問・研究のありかたやベトナム戦争への日本政府の加担を問う学生運動が全国の大学を席捲した。それはすくなからずの高校・高校生にも波及し、高校のなかには生徒のストライキによって閉鎖されたところもあった。一九六九年の通知は、あきらかに当時の学生運動のひろがりを防ごうとするものであった。

その後、この通知を順守する学校・教員が増えたのにくわえて、生徒の学校生活全体にわたる学校管理規則や校則がきびしくなり、生徒たちの生活指導が一定の価値観にもとづき実施されていく。これ自体、生徒たちが政治的な関心をもつことを抑制するものであった。さらに過熱する進学競争は、生徒たちを政治的関心から遠ざけたといってよい。

さすがに文科省は、選挙権年齢の引き下げをうけて「主権者教育」「政治的教養の教育」を強調した手前もあってか、「二〇一五年通知」は一九六九年の通知を廃止するとしたうえで、「高等学校等の生徒による政治的活動等は、無制限に認められるものではなく、必要かつ合理的な範囲で制約を受けるものと解される」とした。そして、つぎの大きく三項目について生徒の政治的活動の禁止ないし生徒への適切な指導をもとめた。

第一に、生徒会活動、部活動等も学校教育活動の一環であるから、生徒が本来の目的を逸脱し、これらの場を活用した選挙運動や政治活動をおこなうならば、教育基本法第一四条第二項にもとづき政治的中立性が確保されるよう、高等学校等は、これを禁止することが必要である。

第二に、放課後や休日であっても、学校構内での選挙運動や政治的活動については、学校施設の管理や他の生徒の学習活動への支障、その他学校の政治的中立性の確保の観点から、制限または禁止する必要がある。

第三に、学校構外の選挙運動や政治的活動については、違法なもの、暴力的なもの、またはそのおそれの高いと認められるものについては、制限または禁止する必要がある。また、生徒の学業に支障があると認められる場合、他の生徒の学業に支障が生じ、また生徒間の対立が生まれ学校教育の円滑な実施に支障があると認められる場合は、必要かつ合理的な範囲で制限または禁止をふくめて適切な指導をおこなう。これに付随して、公職選挙法の重要事項の周知、家庭の理解のもとでの活動が必要である。

マスコミは、文科省が学内での政治活動は制限するが、学外のそれは自由としたと報じた。だが「二〇一五年通知」は、一九六九年の通知を廃止するといいながらも、生徒の学校内、学校外の政治的活動に、校長や教育委員会の裁量判断にゆだねる形をとりながらも、かなりきびしい規制をもとめるものである。それは次に述べる政治活動等についての「Q&A」により具体的に語られている。

政治活動の「解禁」と「Q&A」

文科省は二〇一六年一月二九日に、「平成二七年度第三回　都道府県・指定都市等生徒指導担当者連絡会議」を開催した。ここにあつめられたのは、都道府県・政令指定都市教育委員会事務局の指導主事たちであった。

そこでは「「高等学校等における政治的教養の教育と高等学校等の生徒による政治的活動等について」(初等中等教育局長通知)に関するQ&A(生徒指導関係)」と題するマニュアル(以下「Q&A」)が配布され、初等中等教育局官僚による説明がおこなわれた。そして文科省は、この文書をそれぞれの高校に配布・伝達し、指導するようにもとめた。この背景には、都道府県教育委員会(事務局)から「二〇一五年通知」にいう規制が分かりづらいゆえに、具体的事例に即した文科省の「指導」をもとめる声があったとされている。長年にわたるタテの行政系列による教育行政が、いかに学校現場や教育委員会を「思考停止」状態においているかを物語っていよう。

ともあれ、「Q＆A」は「学校の構内における生徒の政治的活動」と「構外における生徒の政治的活動」にわけられ、全体で二〇の設問からなっている。そのなかの重要と思える「Q＆A」をいくつかをみておくことにしよう。

「Q＆A」では、まず生徒の活動を規制できる法的根拠として、学校教育法第五条ならびに第一三七条を根拠規定としてあげ、「学校は設置者が管理するものです（設置者管理主義）。学校の設置者は、学校の物理的管理や運営管理などに必要な行為をなし得るものと解されます。（学校施設の目的外使用は）法令の規定に基づく場合や、学校教育上支障がないと管理者の同意がある場合に認められます」とする。つまり「支障」の判断と規制について学校設置者である教育委員会の裁量にゆだねているばかりか、学校管理規則にもとづき管理の委任をうけた校長にも同様の権限があることになる。

こうした法的根拠をしめしたうえで、「Q＆A」は実に細々とした規制の対象や方法を指示するものとなっている。

Q2　通知では、放課後や休日等における、学校の構内における生徒の政治的活動等については、学校教育上の支障が生じないよう制限又は禁止することが必要とされていますが、どのような場合に学校教育上の支障が生じると想定されますか。

A　例えば、以下のような場合が想定されます。……

・部活動による利用があらかじめ決まっている日に、生徒が体育館を用いて集会を開催しようとするなど、本来の教育活動による施設の利用の妨げとなる場合。
・施設を管理する人員が確保できない日に、生徒が体育館を用いて集会を開催しようとするなど、施設の管理者として、責任をもって施設と利用者の安全を確保することができない場合……
・生徒が放課後に校庭でマイクとスピーカーを用いて演説会を行おうとしたところ、自習している他の生徒を妨げることになる場合……
・その他、放課後、休日の空き教室等の使用を許可するか検討するに当たっては、学校施設の目的外使用として適切かを学校管理規則等に沿って御判断いただくことになります。以上の例のような教育上の支障があると認められる状態を生じさせないよう、学校は、適切な施設管理や生徒指導を行う必要があります。

Q3　前述のような教育上の支障を生じさせないようにするため、校則や懲戒の在り方に関する留意点としてどのようなことがありますか。

A　(校則等について)校則は、学校が教育目的を実現していく過程において、生徒が遵守すべき学習上、生活上の規律として定められるものです。判例上、学校は教育目的を達成するために必要かつ合理的な範囲内において校則を制定し、生徒の行動などに一定の制限を課すことができると解されています。……

（生徒に対する懲戒については）生徒の懲戒については、当該懲戒が学校の教育目的の達成の観点から「必要かつ合理的な範囲」のものである必要があります。……なお、学校としては、あらかじめ、生徒の懲戒の基準について生徒や保護者に周知を図り、家庭等の理解と協力を得られるように努めることが重要です。……

Q5　「選挙運動、政治的活動、投票運動は構内では禁止する」と学校が校則等で定め生徒を指導することはできますか。

A　……学校教育法は、設置者管理主義をとっており、学校の設置者は、学校の物的管理（校舎をはじめとした施設の管理を含む。）や運営管理（児童生徒の管理を含む。）などに必要な行為をなし得るものと解されます。

このことや、学校の状況等を踏まえ、学校教育の目的の達成の観点から「構内では禁止する」と校則等で定め、生徒を指導することは不当なものではないと考えられます。

自治体の学校教育施設については、従来から公教育のみに供する「教育財産」というカテゴリーがもうけられ、市民会館や道路などの「普通財産」と区分されてきた。そのことが学校施設の閉鎖的管理の根拠であった。だが、市民の批判の眼がおよぶようになった一九九〇年代以降、学校施設の管理は事実上ゆるめられてきた。ところが、以上にみるように、文科省は生徒たちの学校内での政治活動を規制するために、再び「教育財産」論を前面にもちだしてきたといってよい。

生徒はただ日課をおとなしくこなしていればよい、と謂わんばかりの管理主義の教育は、生徒たちが自発的かつ自主的に政治を考える――その意味の「主権者教育」と整合するものではない。ところで、マスコミは「学校外の政治活動は自由」と文科省の政策転換を報じた。たが事実は異なる。学校外における政治活動の規制は、つぎにみるように、じつに微に入り細を穿ったものとなっている。

Q6は、学校外の活動の制限や禁止が必要とされる「違法なもの、暴力的なもの、違法若しくは暴力的な政治的活動等になるおそれが高いものと認められる場合」の説明であり、Q7は学外活動が学校教育の「円滑な実施に支障があると認められる場合」についての回答である。

違法とされる活動としてまずあげられているのは、選挙運動に一八歳に満たない者を動員した場合、必要な許可をえないで集会やデモを実施した場合、行進中の投石や警察官の公務の執行に妨げとなるデモに参加する場合、人の生命、身体、名誉などに害悪の告知をおこなう団体の集会への参加、違法な無許可デモをくりかえし、今後も同様の行動を公言している団体のデモへの参加、が列挙される。

そしてQ7については、授業を欠席して集会に参加する場合、政治的活動に没頭して夜遅くまで電話やメールで連絡を取り合い、家庭での学習に影響が出る場合、他の生徒にたいして同様の活動をおこない学習の妨げとなる場合、特定の政策に賛成する先輩が部活動等を利用して後輩に集会への参加を強要する場合、日常の生徒会運営や学校運営に支障が生じる場合、が列挙されている。

さらに、この「Q＆A」におけるもっとも重要な事項といえるのは、次のものである。

Q9　放課後、休日等に学校の構外で行われる政治的活動等について、届出制とすることはできますか。

A　……このような活動も、高等学校の教育目的の達成等の観点から必要かつ合理的な範囲内で制約を受けるものと解されます。

したがって、高校生の政治的活動等に係る指導の在り方については、このような観点からの必要かつ合理的な範囲内の制約となるよう、各学校等において適切に判断することが必要であり、例えば、届出をした者の個人的な政治的信条の是非を問うようなものにならないようにすることなどの適切な配慮が必要になります。

この回答には「参考」として「衆議院議員初鹿明博君提出高校生の政治活動を届出制にすることに関する質問に対する答弁書（平成二八年一月一九日閣議決定）」が添付されている。初鹿議員の質問主意書は、高校生の政治活動について教育委員会が学校への届出制を導入することは憲法第一九条（思想・良心の自由）ならびに憲法第二一条（表現の自由）を侵害する、との観点から政府見解をただしたものであり、教育委員会は生徒の政治的活動への参加を萎縮させてしまうような条例や規則をつくるべきではない、とした。答弁書は「高等学校等の生徒の政治活動に係る具体的な指導の在り方等については、御指摘の憲法の規定も踏まえ、各教育委員会等において適切に判断すべきものと考える」と、教育委員会に丸投げするものとなっている。

だが、Q9の回答にくわえて政府答弁書を添付しているように、政治活動への参加の届出制の導入を否定するものではない。「必要かつ合理的な範囲内の制約」なる文言のもとに届出制を容認するものであるといってよいのではないか。

このように、生徒の政治活動等についての「Q&A」は、学校内・学校外を問わず「べからず」集であって、生徒の自発性にもとづく政治的意思の表明活動を制約するものとなっている。選挙権年齢の一八歳以上への引き下げを機として、日本の民主政治の発展にむけて生徒たちを鼓舞しようとする発想などまったくみられないといってよい。

政治的活動の「解禁」の名による管理強化

これまで内容をみてきた「Q&A」は、形式からいうかぎり、文科省初等中等教育局長やそのもとの課長による教育委員会への「通知」ではない。さきにみた「二〇一五年通知」についての文科省としての「解説」ということであろう。

しかし、これまで指摘してきたように、日本の教育行政を特徴づけているのは、「指導・助言・援助行政を旨とする」という文科省中央から自治体教育委員会さらに校長にいたる「タテの行政系列」である。しかも、教育委員会の判断が強調されているものの、このタテの行政系列を形作っているのは、事務局支配なのである。「都道府県・指定都市等生徒指導担当者連絡会議」に出席し文科省の「ご高説」を「承った」のは、教育委員ではなく事務局職員である。かれらは、この「Q＆A」を事務局に持ち帰り、文科省の意向をふまえた規制策をまとめるであろう。そして自らが文科省にあつめられたのと同様に、高校の生徒指導担当者などをあつめ、校則の整備や届出制採用の留意点などについて指導することだろう。

そこで想定される事態は、「Q＆A」にそくした生徒の政治活動の規制について校則の整備を学校にもとめることである。校則に学内・学外にわたる「教育目的の達成に支障」となる生徒の行動を詳細に規定するとともに、制限、禁止、懲戒事項も規定されることであろう。「Q＆A」は学外の行動について「指導」の必要性をいいつつも、懲戒についてはふれていない。ただし、これについても「教育目的に支障を及ぼす」と判断する活動に参加した生徒の懲戒が規定されることは十分に想定されるのである。

ところで、「Q＆A」は、届出制の導入にあたって届出をした生徒の政治信条を問わないなどの配慮をもとめているが、このくらい「つまらぬ」条件づけもないだろう。届出をだした生徒に「なぜ、その団体（集会など）を支持するのか」と聞かねばよいだけのことだ。わざわざ訊ねなくとも学校や教育委員会には、政党や集会の立場、主張は分かっているのであり、それすら認識できていないことなどありえない。届出制自体が生徒の思想・信条の「調査」に等しいし、特定の生徒の管理につながっていく。学校という教育の場が、生徒の思想・信条にもとづく活動を萎縮させるばかりか、「思想調査」に等しい活動をおこなうことなど、あってはならないことだ。

こうした高校の生徒指導担当教員への指導後に都道府県教育委員会事務局の指導主事は、各学校を巡回し校則の実施状況を調査し、校長などに改善を勧告（指導）することであろう。これを拒否する校長などは例外なく存在しないだろうが、かりに拒否するならば、人事上の不利益なあつかいをうけることになるだろう。

『朝日新聞』(二〇一六年三月一六日朝刊、東京本社版)によるならば、愛媛県教育委員会(正確には事務局である教育庁だろうが—筆者)は、二〇一五年一二月に県立の全五九校の教頭および公民科担当教員をあつめた研修会を開催し、「政治活動等に対する生徒指導に関する校則の見直しについて」なる文書を配布した。そこでは届出を要する事項に「選挙運動や政治的活動への参加」を追加し、一週間前までに学校への届出をもとめるとの校則の変更例がしめされた。県教育委員会は校則の変更を要するかどうかは学校の判断による、とのタテマエを崩していないが、変更したばあいは教育庁の担当課長まで校長名で報告するようにもとめた。この研修会はさきにのべた「Q＆A」を配布した文科省の会議以前におこなわれているが、「Q＆A」の「お墨付き」をえて、おそらく全高校で校則による届出制が実施されていくことだろう。

この国の教育行政関係者にみられる「悪弊」は、文科省中央の意思を忖度し、きびしい規制を実行に移してしまうことだ。だが、政治的自由の保障(言論の自由、集会の自由、表現の自由)のないところに、民主政治は成り立たないのであり、それを担う市民も生まれない。些末な事項を列挙して「学校教育上の支障」と位置づけ、学内・学外における政治的活動を抑制することは、「主権者教育」の名に価するものではない。

さきにみた「政治的中立性」を強調する教科指導、そして政治的活動にたいする管理強化から透けてみえるのは、物事の本質を考えさせない教育であり、多様な政治的・社会的問題状況に異議申し立てをしない「従順」な人間をつくることであるようだ。

ただし、現実はそのような教育行政と政策をはるかに超えてすすんでいる。くりかえすまでもなく、立憲主義の原則を無視した二〇一五年の集団的自衛権の行使を可能とする安全保障法制にたいして、若者たちのプロテスト運動が全国的に展開された。それは自らの生活実感や経済社会の状況をみることによって、政治の意思と行動が自らの将来生活を危ういものとするかを見抜いた行動だった。政治的活動について「べからず集」による生徒管理をいかにつよめてみても、生活実感にもとづく思考と行動を抑え込むことなどできないのだ。

けれども、わたしたちは、こうした若者たちのあいだに生まれている正当な思考と行動に安穏と期待するわけにはいかない。社会全体として民主政治の発展にむけた道を拓いていかなくてはならないだろう。

第五章　学校から「主権者教育」を解放する

民主主義政治体制を固める

安倍政権が選挙権年齢の一八歳以上への引き下げをあっさりと認めた背景には、二〇一六年の参議院議員選挙、それにつづく衆議院議員総選挙において憲法改正に必要な三分の二の議席を衆参両院に築き、さらに国民投票において多数を形成するためである、との観測が一部の言論人のあいだにある。つまりは、選挙権というあらたな権利の付与で若者たちを政権に惹きつけようとする戦術のあらわれだ、とするものである。

こうした観測が妥当かどうかには議論がのこるであろう。ただし、これまでみてきたように、政府（文科省）主導の「主権者教育」は、政治や社会の動きの文脈を考え行動することから若者たちを遠ざけようとするものであるといってよい。

安倍政権の政治・政策は、あきらかに従前の保守政治とは異なり、新国家主義と新自由主義（市場原理主義）をひた走るものといえよう。文科省のマニュアルによる「主権者教育」は、政権の「独走」をゆるしこそするだろうが、歯止めをかけることにはならないのである。

民主主義政治体制に多大な価値を認め、同時に経済・社会的な公正がきちんと追求される政治を築くためには、選挙権年齢の引き下げを機に、あらためて政治をみる眼を研ぎ澄ましてみることが問われていよう。この意味で、わたしたちは、主権者としての自覚をもって生活の原点から現実政治の歪みに問題を果敢に提起する必要がある。そのような活動の叢生《そうせい》が、まさにわたしたちの「政治的教養」をゆたかにするとともに、若者たちの関心を選挙の重要性さらに政治の重要性にむけさせる。それは学校における「主権者教育」を越えた「政治的教養」教育になるといえよう。「主権者教育」は、新たに有権者となる高校生のためにあるのではない。わたしたちが批判精神をもって政治を学習し、政治に発言していくためにあるといってよい。

政治は「中立」ではない、価値の配分である

政治とは経済的・社会的価値の配分であり、その決定である。その具体的なあらわれとして政策や事業が存在する。政治の本質を考え、政治の文脈を読み解く能力を高めるための教育にとって、もっとも適切な教材は各年度の歳入・歳出予算といえよう。

予算は金額という冷徹な記号でもって政治の指向性を雄弁に物語る。そこでは、文科省の『副読本』や『指導資料』がいかに「教育における政治的中立性」を強調し、教員の解説を排除しようとも、生徒たちは政治そのものが「価値中立的」ではないことを学ぶであろう。予算は「主権者教育」にとって格好の教材だ。

歳入予算はたんに各種の税法にさだめられた税目ごとの収入予定額を記したものではない。税法そのものが政治の指向する価値にもとづいて操作される。企業の経営体力を強化し経済の発展をはかるとして、二〇一二年度に法人税率が三〇%から二五・五%に引き下げられた。一方、東

日本大震災からの復興を促進するとして二〇一二年度から法人所得税、個人所得税に復興税が付加された。だが法人所得税の復興税分（一〇％付加）はもともと五年間とされていたが、一年前倒しで廃止された。個人所得税に付加された復興税（二・一％）は二〇三七年まで継続する。法人税減税とあわせて考えるならば、政治の指向性を明らかに読みとれるだろう。各種の租税特別措置がある。これは特定の目標を達成する手段として、税の減免をはかるものだ。個人住宅の取得、住宅の耐震化や高齢化への対応としてのリフォーム減税などもあるが、法人にはより大規模に、企業活動の活発化のためとして、各種資産の減価償却率の割増などの措置がとられている。くわえて、巨額の歳入予算はじつのところ三分の一強を国債＝借金に負っている。

歳出予算は主要経費別にみるだけでも、政府の政策や事業の重点がどこにあるかをしめしてくれる。さらには分野別に過去一〇年ほどの動向を追ってみるならば、そのような重点がいかに変化しているかを知ることができよう。そしてその意味を考えることができる。社会保障費の増加がいわれ、その削減をもとめる言説が一部につよい。だが、高齢化社会の急速な進行のもとで削減することが妥当なのか。公共事業費の増加や防衛費のそれは、何を意味しているのか。そして、じつは伸び続ける歳出は、一方で国債にささえられており、単年度の公債費（国債の元利償還金）の伸びは、次の時代に必要とされる政策や事業の経費を圧迫していく。

このように、「政治的教養」として予算を学習する意義は大きい。ただし、教員はこうした学習を指導するために、予算をめぐる制度、編成のシステムなどについて改めて学び直さねばならないだろう。また、予算にしめされている歳入構成の意味、歳出にみる政策や事業費の優先順位などについて、自ら市民として学び意味を考えてみなくてはなるまい。教員の努力をもとに予算をめぐる議論が生徒間で展開されるならば、政治とは何か、社会的公正とは何か、についての自らの将来生活を視野に入れた考察力が高まっていく。それは『副読本』や『指導資料』のいう「中立かつ公正な」教育とは逆に、政治の本質とその動態への眼を開かせることになる。

教員にもとめられるのは、『指導資料』にいうような教育を実施する（それは教育の名に価しないだろうが）のではなく、市民としての感性を磨きつつ、専門家として教科を担当する自負をもつことである。「主権者教育」の現場にたつ教員は、そのことを理解しているゆえに苦悩していると考えておきたい。とはいえ、学習指導要領に逸脱しない教育に慣らされてきた教員にとっては、かなり荷が重いに違いない。それゆえに、教員間における学習指導の自律性を追求した研究会やセミナーなどが積極的におこなわれていくべきなのである。

しかし、教員たちの自主的努力のみに期待することには限界がある。社会には立憲主義のありかたや憲法のもつ価値についての学習サークルが叢生している。そのような市民による学習サークルは、教員たちに協働をよびかけるとともに、教員たちもまたそのような学習サークルで市民と教育や学習のありかたを討論していくべきだ。

学校そして教員は「地域に開かれた学校」をかかげている。これ自体は正当な標語である。だが小学校から高校までふくめて実態が伴っているとはいい難いだろう。教育のプロフェッション（専門職）は、市民としての感性を伴っていなくてはならない。それがあってはじめて、「地域に開かれた学校」であり「民主的な学校」となる。民主政治へのゆたかな感性をもつ生徒たちは、

「民主的な学校」から育っていくのである。

したがって、学校や教員たちは、次の時代を担う若者たちをほんとうに育てていこうと考えるならば——現場の教員たちにそうした気概が生き続けていると信じるが——学校に真の自由や民主主義を根付かせる努力を重ねなくてはなるまい。日本の学校運営に欠けているのは、生徒たちを「教え・育てる」客体ととらえ、生徒たちの自主的な参加を否定してきたことだ。生徒の参加した学校運営評議会といった組織を学校につくり、教科書や副読本の選定を教員とともにおこなうことや、身体にハンディキャップをもつ生徒とともに学ぶプログラムをつくることなど、欧米諸国ではごくふつうにおこなわれていることだ。

もちろん、国家主義的教育を依然として払拭できていない日本において、根本的な学校改革には多くの困難が立ちはだかっている。だが、まさにそうであるからこそ、教育の現場に立ち生徒たちの自立性を拒んでいる条件を熟知し苦悩している教員たちは、市民にそれを訴え支援をえながら、学校改革・教育改革に立ち上がるべきなのだ。それは生徒たちの生涯にわたる幸せをもとめて教員という専門職に就いた人間の責任といってよいであろう。

「政治的教養」は社会にかかわることから育まれる

文科省には高校生のみならず若者の「理想像」があるようだ。「主権者教育」の『副読本』『指導資料』、政治活動等についての「二〇一五年通知」とそれにともなう「Q&A」が物語るのは、「政治社会の問題状況に眼をつぶり学習に邁進する生徒たち」を育てることであるようだ。

だが、こうした「鋳型」に生徒たちをはめ込んだ教育からは、「政治的教養」は生まれようもない。大学・大学院の高等教育をうけたからといって、高い「政治的教養」が育まれ、民主主義の価値、人権への洞察力が培われるものではない。それは現実に政治エリートと目される人びとの言動をみれば、あまりにも明らかといえよう。

座学として政治や経済のしくみ、近現代の歩みを学ぶことはもちろん重要だ。とはいえ、社会のさまざまな活動を身近に知り、そのなかで事実の本質を洞察することに努めることこそが、政治的教養を育んでいく。

「政治的教養」を培うにあたって欠くことができないのは、若者にかぎらず大人たちが生活の場に生じているさまざまな市民運動・社会運動との接点をもつことである。3・11原発のシビアアクシデントを機として各地に市民発電所運動が起きている。安全な食を追求する運動もある。急速な高齢化社会の進行のなかで地域を終《つい》の棲家《すみか》とすることをめざす高齢者ケアを考える市民運動も生起している。生活空間としての都市からさまざまな障害を取り除く運動もある。およそこうした市民運動・社会運動を列挙するならば、枚挙に暇がないほどである。それらは特定のイシューを対象としてはいるが、そこにとどまるものではない。運動のいずれであっても、既存の政治・経済システムの構造とその改革を抜きにして語ることはできない。それゆえ、こうした運動ときちんとした接点をもつことによって、政治をみる眼、政治的教養が培われていく。

市民運動・社会運動には、こうした観点から高校生をふくむ若者たちに活動の輪をひろげることが望まれよう。また教員たちは自らもふくめ生徒にこれらの市民の動きと接点をもつことの重要性を説明すべきなのだ。主権者たる市民にもとめられるのは、政治にたいする批判的な思考力、判断力であり、それにもとづく行動への意欲であるといってよい。市民の運動こそ教室では学ぶことができない「主権者教育」の宝庫なのだ。

「二〇一五年通知」とそれに関する「Q＆A」が直接想定しているのは、生徒たちが国政に亀裂の走る政治的争点についての政権と対立する政党・政治集団の集会やデモへ参加することのようだ。ただし、「政治的行動」が何を意味するかは、政治権力による判断の余地を多分にのこす。芸術・文化活動も「政治的活動」として規制対象になりうる。逆に、政治権力は特定の芸術・文化活動を推奨することもありうる。政治的自由や言論・表現の自由をまもり、「政治的教養」に富む若者を育て民主政治を発展させることは、大人たちに課せられた責任であるといえよう。

自治体による生きた「主権者教育」と首長の責任

学校教育としての「主権者教育」は、主として公立の高校を通じて実施する以外にない。文科省が初等中等教育局長通知や「Q＆A」をもとに教育委員会の指導に躍起となるのは、まさにそれゆえだ。

教育行政の実態をみるならば、教員人事権をもつ都道府県教育委員会事務局（教育庁）は、指導主事を中心に学校・教員にたいして、文科省の教科指導ならびに生徒の政治活動などに関するマニュアルの順守をもとめていくであろう。名誉職的意識さえみられる非常勤職である教育委員たちが、能動的に学校の実態を調査し事務局に意見を呈することは、期待したいものの「高望み」

に終わるかもしれない。

しかし、「主権者教育」は、本来、文科省に指導された学校教育に限定すべきものではない。市民の政府としての自治体が、自ら進んで「主権者教育」のプログラムを多様に工夫し実施すべきであろう。わたしたちは自治体なる政府に「主権者教育」のありかたについて問題を提起し、その具体化をもとめていくべきだ。

二〇一四年の改正地方教育行政法は、一部の教育行政学者やマスコミに首長権限の強化とのきびしい批判があるが、首長のもとに総合教育会議をもうけ、その審議にもとづいて首長が自治体の教育政策の基本的方向をきめるとした。総合教育会議の構成は首長・教育長・教育委員にくわえて学識者とされている。この会議を教育行政関係者のインナーサークル的なものとしておくのではなく、市民は首長に自治体としての「主権者教育」の方向を打ち出させることが重要だといえよう。

地域にはじつに多様な集団が存在している。各種の伝統的な技能集団、先端技術を下支えしている小規模工場と技術者、農業・漁業・林業などの生産者、芸術・文化活動集団、そして多様な福祉にかかわる集団など枚挙に暇がない。『副読本』はディベートのための材料集めとして住民との接触・調査をいう。これ自体は大いに実施されるべきだ。ただし、自治体はこの学校の活動をみているのではなく、首長のリーダーシップのもとに学校外の「主権者教育」の舞台とプログラムをつくるべきだ。つまり、地域の多様な集団と生徒の交流の場を用意し、生徒たちが地域の課題を通じて政治のありかたを考える機会とすべきだろう。こうした場がつくられるならば、たとえば、日本の産業の二重・三重の下請構造とそこでの工場主・労働者の生活実態を知ることになろう。また農業者からは、ＴＰＰ（環太平洋連携協定）についての生産現場の考えを学び、「食の安全」「食料の自給」はどうあるべきかを考えることに通じる。

こうした地域の人びととの交流にくわえて、首長・各行政セクションの職員、教育委員会と生徒・市民との「討論集会」がもたれるべきだ。教育委員会との討論集会がもたれるならば、生徒たちは素朴な、しかしきびしい質問を教育長や教育委員に浴びせるだろう。たとえば、「教育委員の一日」はどんな具合なのか、どの程度の委員報酬をうけているのか、教育長と事務局職員はどんな仕事をしているのか、教員の学校間異動はどのように決められるのか、教員の授業計画の作成や評価はどんなしくみでおこなわれているのか……等々。同様に首長との討論会がもたれるならば、生徒たちから「首長の一日」はどうなっているのか、選挙資金の中身や調達方法、予算のつくりかたや中央各省からの指導・指示の内容と受けとめかた、予算や条例案の議会・議員との交渉の実態……などについて、くわしく分かり易い説明がもとめられるだろう。

まさにそれは学校内の「主権者教育」では学びえない、生きた「主権者教育」となる。総合教育会議を主宰する首長は、これまで述べたタテの行政系列に属すのではなく、選挙による政治的代表性と政治的正統性を有する政治的人格であるゆえに、たえず市民の動きに敏感とならざるをえない。市民が「主権者教育」とは自立した政治的人格を育てるものとの観点から、首長に市民学習として「主権者教育」プログラムの作成と実施をもとめるならば、首長はそれを無視できないはずである。それはタテの行政系列に風穴を開け、地域に根差した教育への第一歩ともなる。

ところで、生きた「主権者教育」を地域から実現する責任は、首長とならぶ政治的代表機関である自治体議会にもある。

自治体議会の責任

都道府県と市町村の議会には、教育に関する常任委員会(名称は多様)が設置されている。委員会での審議だけではなく、議員には本会議における代表質問、一般質問の権限もある。もちろん、議会の政治的意思は一様ではない。とはいえ、自治体の議員は「主権者教育」に関する文科省の一連の通知、『副読本』『指導資料』「Q&A」などを入手・検討し、それらが国政・自治体政治を問わず民主主義政治体制にいかなる意味をもつのかを、熟考してみなくてはなるまい。そしてまた、教育委員会がいかなる指導を学校におこなっているのか、その詳細を教育長に説明させねばなるまい。同時に、首長が「主権者教育」なるものをどのように認識しているのか、問いただしていかねばなるまい。

自治体の議会・議員が、一部であれこうした行動をとるならば、高校生などの政治活動について、議員の間にはそれこそ政治的見解の違いからの論争がおこることもあるだろう。だが、それは首長とならぶ政治的代表機関として大いに展開すべきことだ。そもそも、自治体の議会・議員は、教育に関する常任委員会がおかれながらも、教育政策についての関心が希薄であるといってよい。

これまでにも教育政策上のイシューは、学区の再編や自由化、学力テスト、国旗・国歌法の取扱いをはじめとして、数多く生まれている。しかし、議会がこれらの政策の妥当性を論議し、教育委員会や首長に意見を提出することは、ないとまではいわないが低調である。せいぜいのところ、自らの選挙区・選挙地盤にかかる学校の統廃合・学区再編といったイシューについて議論がかわされる程度だ。教育行政の事務執行権が教育委員会にあるとはいえ、市民の政治的代表機関としての議会は、教育政策のありかたに積極的でなくてはならない。議会の教育政策についての消極性が、教育行政におけるタテの行政系列を強めているともいえるのである。

二〇一四年から一五年にかけての集団的自衛権の法制化に関して、多くの自治体議会が立憲主義の逸脱、憲法第九条との乖離について、政府への意見書提出や議会としての決議をおこなっている。こうした自治体議会の動きは、「アベ政治」を反面教師として地域から平和を考えようとするものと評価しておきたい。とするならば、自治体の議会は「主権者教育」についても、『指導資料』や「Q&A」に「忠実」な教科指導や政治活動の規制が、民主主義政治体制の将来にいかなる意味をもつのかを、議論すべきなのである。それは地域社会に根差した政治的代表機関の当然の使命(ミッション)であろう。

「主権者教育」の『副読本』は、議員を学校に招き自治体政治について語ってもらう機会をもつことを勧めている。特定会派に偏らないことやテーマの設定を議会事務局と調整することなどが述べられている。「形式」ないし「儀式」に終わりかねない要素もあるが、地域政治について自由闊達な議論が生徒との間でかわされることを期待しておこう。

だが、自治体議会は高校からの招きをまつのではなく、高校生のみならず市民と地域政治や日本の将来について意見を交換する場を、積極的にもつ必要がある。市民にむけた議員全員による議会報告会が、一部の自治体でもたれている。そこでは支持者を対象とした報告会と違い各会派への質問が飛び、会派間の論議もおきる。議場あるいは議会棟から市民の前に出ることによって、議員への「信頼度」も高まる傾向にある。

市民はこうした舞台を多様かつ随時もうけるように、議会につよくもとめていかねばなるまい。それは生きた「主権者教育」となるばかりか、議員の真贋を主権者が判断する場ともなる。議会・議員はこの意味の緊張感を自覚しつつ、地域民主主義の充実に努めていかねばなるまい。それが議会・議員の責任としての「主権者教育」なのだ。

おわりに

二〇一六年三月一八日、文科省は二〇一七年度から用いられる高校用教科書の検定結果を公表した。とりわけ地理歴史、公民の教科書には、きびしい修正がくわえられた。この前提となっているのは、自民党の提言をもとに二〇一四年につくられた新たな検定基準である。それは第一に、事件・事実などに政府見解がある場合にはそれにもとづく、第二に、特定の事柄を強調しすぎないこと、第三に、近現代史で通説的見解がない数字などの記述では諸説あることをしめす、としたものである。

教科書は文科省の「学習指導要領解説(教科書づくりの指針)」をふまえて教科書会社が大学や高校教員などの執筆による申請本を文科省に提出し、検定にパスすることで発行できる。申請本には検定基準にもとづき教科用図書検定調査審議会から出版社に数々の検定意見がしめされる。だが、じっさいは文科省職員である調査官の判断による検定意見が審議会の意見とされており、執筆者と調査官のあいだで複数回の修正をめぐる議論がかわされる。文科省は調査官の検定意見を「指導」としており、採用するかどうかは会社側の判断だとする。だが検定にパスしないかぎり教科書として刊行できないのだから、非権力的な意味の「指導」ではなく、本質は「権力的な行為」といってよいだろう。

二〇一七年度からの公民科の高校教科書には、「政府見解」が際立った。集団的自衛権行使の法制について「憲法第九条の実質的な改変」とした申請本段階の小見出しには、「九条の解釈変更は閣議決定で認められた。小見出しに書くと、九条が抜本的に変わると誤解される」との検定意見がつき、「自衛隊の海外派遣」に修正された。「積極的平和主義」について「アジアをはじめとする広範な地域で自衛隊の活動を認めようという考え方」との記述には、「活動の部分を記すだけでなく、平和主義の目的を書かないと生徒が誤解する」との意見がつき、「国際社会の平和と安定および繁栄の確保に、積極的に寄与していこうとするもの」にあらためられた(いずれも清水書院)。

解釈改憲について「明文改正の手続きを取らず、解釈によって憲法の内容を変更するやり方を解釈改憲と呼ぶ」と記した実教出版の申請本には、「解釈改憲という言葉は市民権を得てはいるが、どこでも使っていい単語にまではなっていない」とされ、「憲法の内容を変更するやり方を批判する際、解釈改憲という言葉が使われる」と、政権反対勢力の政治的言語であるかのように修正された(申請本、検定意見、修正後の記述は『東京新聞』二〇一六年三月一九日朝刊による)。

検定による修正は関東大震災時の朝鮮人虐殺数や南京虐殺の犠牲者数にもおよぶが、以上に一端をみるように、現代日本政治の重要な争点である集団的自衛権の行使に関連する事項の説明は、いずれも政府見解そのものとされた。政府見解が教科書に記載されることを否定する必要はない。だが、政府見解と異なる意見の存在や説明がしめされないならば、政治についての見方は平板となり、思考力を養うことはできない。同じ文科省発行の「主権者教育」の『副読本』が、「中立・公正」に複数の意見を説明せよといっているのと、どこで整合するのか。結局のところ、

「中立・公正」な記述や説明とは、政府見解を踏襲することになってしまうだろう。

第二次・第三次安倍政権のもとで日本の民主主義政治体制は、大きく揺らいでいる。選挙権年齢の一八歳以上への引き下げを機として「主権者教育」がクローズアップされている。だが、そこで狙われているのは、「国定教科書」にも近い検定と合わせて考えるとき、政権に従順な、考えない有権者をつくりだすことだ、といっても過言ではないだろう。

それだけに、政権への反対政党、マスメディアはもとより、わたしたちは多様な機会をとらえて、政権の言説の危うさや矛盾、言説のさきにみえる事態について発言を重ねていかねばならない。つまり社会全体での「主権者教育」が問われている。「主権者」とは発言し行動する人間であることを、しめしていきたいものである。

新藤宗幸
1946年神奈川県生まれ．公益財団法人後藤・安田記念東京都市研究所理事長，千葉大学名誉教授．行政学．著書に『行政指導』『技術官僚』『司法官僚　裁判所の権力者たち』『教育委員会』(以上，岩波新書)，『異議あり！　公務員制度改革』(岩波ブックレット)，『新版　行政ってなんだろう』(岩波ジュニア新書)，『現代日本政治入門』(共著，東京大学出版会)，『司法よ！　おまえにも罪がある』(講談社)，『政治をみる眼』(出版館ブック・クラブ)ほか多数．

「主権者教育」を問う　　岩波ブックレット 953

2016年6月3日　第1刷発行

著　者　新藤宗幸《しんどうむねゆき》

発行者　岡本　厚

発行所　株式会社 岩波書店
〒101-8002 東京都千代田区一ツ橋 2-5-5
電話案内 03-5210-4000　販売部 03-5210-4111
ブックレット編集部 03-5210-4069
http://www.iwanami.co.jp/hensyu/booklet/

印刷・製本　法令印刷　　装丁　副田高行　　表紙イラスト　藤原ヒロコ

ISBN 978-4-00-270953-6　　Printed in Japan

読者の皆さまへ

岩波ブックレットは，タイトル文字や本の背の色で，ジャンルをわけています．

赤系＝子ども，教育など
青系＝医療，福祉，法律など
緑系＝戦争と平和，環境など
紫系＝生き方，エッセイなど
茶系＝政治，経済，歴史など

これからも岩波ブックレットは，時代のトピックを迅速に取り上げ，くわしく，わかりやすく，発信していきます．

◆岩波ブックレットのホームページ◆

岩波書店のホームページでは，岩波書店の在庫書目すべてが「書名」「著者名」などから検索できます．また，岩波ブックレットのホームページには，岩波ブックレットの既刊書目全点一覧のほか，編集部からの「お知らせ」や，旬の書目を紹介する「今の一冊」，「今月の新刊」「来月の新刊予定」など，盛りだくさんの情報を掲載しております．ぜひご覧ください．

▶岩波書店ホームページ　http://www.iwanami.co.jp/ ◀
▶岩波ブックレットホームページ　http://www.iwanami.co.jp/hensyu/booklet ◀

◆岩波ブックレットのご注文について◆

岩波書店の刊行物は注文制です．お求めの岩波ブックレットが小売書店の店頭にない場合は，書店窓口にてご注文ください．なお岩波書店に直接ご注文くださる場合は，岩波書店ホームページの「オンラインショップ」(小売書店でのお受け取りとご自宅宛発送がお選びいただけます)，または岩波書店〈ブックオーダー係〉をご利用ください．「オンラインショップ」，〈ブックオーダー係〉のいずれも，弊社から発送する場合の送料は，1回のご注文につき一律380円をいただきます．さらに「代金引換」を希望される場合は，手数料200円が加わります．

▶岩波書店〈ブックオーダー〉 ☎ 049(287)5721　FAX 049(287)5742 ◀